Lew Kopelew

Verbietet die Verbote!

In Moskau auf der Suche
nach der Wahrheit

Vorwort von Max Frisch

Hoffmann und Campe

Aus dem Russischen von
Heddy Pross-Weerth
und Heinz-Dieter Mendel

1. bis 10. Tausend 1977
© Hoffmann und Campe Verlag, Hamburg 1977
Vorwort © Max Frisch 1977
Gesetzt aus der Korpus Trump-Mediäval
Satzherstellung A. Utesch, Hamburg
Druck- und Bindearbeiten Süddeutsche Verlagsanstalt, Ludwigsburg
Umschlag Jan Buchholz und Reni Hinsch
ISBN 3-455-03921-9 · Printed in Germany

Dem Andenken von
Frieda Wigdorowa

Inhalt

Vorwort

Kleinbürgerlicher Humanismus, Mitleid mit dem Feind – so lautete die Anklage gegen Major Kopelew, der auf dem sowjetischen Vormarsch in Hitler-Deutschland, wo er als Propaganda-Offizier die feindliche Bevölkerung und die Gefangenen aufzuklären hatte, in Ungnade fiel und von der stalinistischen Justiz zu zehn Jahren verurteilt wurde. Davon berichtet sein großes Erinnerungsbuch AUFBEWAHREN FÜR ALLE ZEIT, ein Buch der Beichte wie auch des Erbarmens mit anderen; der Verfasser versagt sich nicht das fiktionale Element der Erinnerung, er erzählt, wie ein Romancier erzählt: mit der wörtlichen Wiedergabe langer Dialoge, die kein menschliches Gedächtnis über Jahrzehnte hin bewahren kann, und ohne Dokumentation; die Authentizität ergibt sich (wie bei den Aufzeichnungen aus einem Totenhaus) durch den Realismus im Detail, durch das Volumen seines Menschenverständnisses, ja, durch die Subjektivität des Betroffenen. VERBIETET DIE VERBOTE, ein Epilog zu seinem Erinnerungsbuch, verfährt anders; hier gibt er Dokumente, die man kennen muß, um das Vermächtnis eines Mannes zu verstehen, der aus der Zuversicht, daß die Stalin-Ära beendet sei, noch einmal zu einer großen Hoffnung gefunden hat, noch einmal in die Partei eintritt und durch seinen unerschrockenen Einsatz für Menschenrechte abermals in Ungnade gefallen ist.

Zur Person Lew Kopelews:

Als er in unser Hotelzimmer trat – ein Hüne (damals ohne Bart) mit einem kleinen Blumenstrauß in der Hand – und sich vorstellte, hatte ich seinen Namen noch nie gehört oder gelesen. Wir waren grad beim Auspacken der Koffer, nachdem es seit unsrer Ankunft im Flughafen allerhand Schererei gegeben hatte: kein Abendessen, da wir keine Delegation waren, am andern Morgen dieselbe Schererei mit dem Frühstück, da wir noch immer keine Delegation waren – schließlich hatte ich mich doch beim Sowjetischen Schriftstellerverband anmelden lassen, um ein anderes Hotel in Moskau bittend, und seither klappte alles. Wie ein Herbergsvater stand er da, seine linke Hand auf einen Stock gestützt, die rechte ausgestreckt zum Gruß: Willkommen in Moskau! – im Namen des Sowjetischen Schriftstellerverbandes, dessen wiederholter Einladung ich nie gefolgt war. Zu dritt, so hörte ich, hätten sie uns gestern am Bahnhof erwartet. Woher haben die von unsrer Reise gewußt? Sein einwandfreies Deutsch verwunderte mich weniger als das offene Gemüt dieses Mannes, seine ganz einfache Freude in den Augen, als er uns gegenüber saß, seinen Stock zwischen die Knie gestellt, die breiten Hände auf den Griff gelegt. Ich hatte nicht gewußt, daß in Moskau grad ein Stück von mir gespielt wurde, daß kürzlich ein Roman erschienen war, nein, keine Ahnung. Eine gute Aufführung, so sagte er und freute sich, daß ich Glück habe in Rußland. Viel Zeit, um uns Moskau zu zeigen, würde er leider nicht haben; er arbeitete als Germanist und Übersetzer. Er erkundigte sich nach Dürrenmatt und Böll. Was ich grad wußte, sagte ich gerne; es reichte nicht als Goldgrund für seine Ikonen. Seine Freude, daß man einander so gegenüber saß, als gäbe es keine Grenze, keine Teilung der Welt, war nicht wortselig, aber unumwunden; eine ansteckende Freude. Sofort nannten wir uns beim Vornamen. Anderntags brachte er mich in den Verlag, der mir 900 Rubel auszahlte für den Roman, obschon vertraglich nicht dazu verpflichtet, und ich hatte das Gespräch auf Kafka und Beckett gebracht; die offiziöse Meinung über Kafka, die einer für alle vorgetragen hatte, schien nicht die Meinung von Lew Kopelew zu sein, der sich in dieser Stunde schweigsam verhielt. War es die Meinung aller andern am Tisch? Meine

Widerrede brachte keinen ins Eifern, und jede weitere Frage, die ich stellte, um vielleicht eine persönliche Antwort zu bekommen von dem einen oder andern, führte nur zur strikten Repetition der ersten Antwort. Danach wechselte ich auf Brecht, der sich selber für einen Marxisten gehalten hatte, und stieß nicht auf besonderes Interesse; keiner am Tisch sagte etwas gegen Brecht, nein, das war von ihnen nicht verlangt. Ein seltsames Gespräch unter sechs Leuten, dabei fast herzlich. Unter vier Augen erfuhr ich von Lew, daß ich mindestens zwei tapferen Leuten begegnet war, tapfer eben in dem Kampf für Kafka, also gegen die offiziöse Meinung. Ein andermal führte er uns in das Haus, wo Tschechow gewohnt hatte, abends in den berühmten Künstlerklub, wo die junge Achmadullina sich an unseren Tisch setzte, um drei von ihren Gedichten zu rezitieren für den Gast. Wir hatten das Gefühl, sie mögen ihn alle, diesen Lew Kopelew; ich sah, wie der eine und andere herbeikam, um über die Schulter mit ihm zu reden. Ich wußte, daß er unter Stalin zehn Jahre in Gefängnissen und Lagern verbracht hatte, doch davon erzählte er nicht. Es lag ihm daran, daß Rußland uns gefalle. Ein Patriot. Er wollte uns Karten besorgen für das Bolschoj-Ballett, aber das gastierte grad in London oder New York, und er brachte uns in eine Vorstellung des GALILEI von Brecht, den er übersetzt hatte; eine geschlossene Vorstellung, denn es war noch nicht ausgemacht, ob das Stück verboten würde oder nicht. Ein Stück über den Klerus und die Wahrheit. Man war gespannt, ob der Klerus es merkte. Was für Lew Kopelew (er ist Stalinist gewesen noch im Lager) die Wahrheit ist, das war nur zu erraten, er belehrte nicht und redete kein Partei-Klischee. Er erzählte von Unmenschen wie von Menschen, von russischen Menschen; wenn sie nicht zu Unmenschen werden, sind sie menschlicher als wir. Am Tag unsrer Abreise nahm er mich zur Seite, um unter vier Augen zu sagen: du mußt verstehen, ich will in meinem Leben nur noch eins – nie wieder lügen müssen.
Das war 1966. Seither schreiben wir uns Briefe, und eine Zeitlang gelang es auch, Medikamente zu schicken, Bücher

für seine Goethe-Arbeit, für seinen Wissensdurst überhaupt, keine konterrevolutionäre Literatur, ein Oxford Dictionary. Seine Briefe, geschrieben mit stürmischer Hand, sind nicht erfüllt von persönlichen Klagen, aber von Sorge um andere und von Neugierde, zum Schluß immer dringlich in der Bitte: Vergeßt uns nicht!

Als ich zum zweitenmal in Moskau bin – 1968, und diesmal als Gast des Schriftstellerverbandes – weiß ich, daß Lew wieder in Ungnade ist, wieder ausgeschlossen aus der Partei, da er sich gegen die Verbannung von Daniel und Sinjawskij eingesetzt hat, und daß er nicht mehr in der Gorkistraße wohnt. Wie erfahre ich seine neue Adresse? Meine Betreuerin vom Schriftstellerverband danach zu fragen scheint mir nicht ratsam; es mißfällt ihr schon, daß ich den ersten Abend in Moskau für mich haben möchte, ohne zu sagen, wohin ich denn gehe. Ich lade sie zu einem Wodka ein, was sie nicht annehmen kann, sie begleitet mich trotzdem durch die Halle, und da steht er mit seinem Stock: Lew Kopelew, den meine Betreuerin kennt. Wir umarmen uns nach russischer Art. Meine Betreuerin, die er auch begrüßt, weiß jetzt Bescheid und verläßt mich. Er sieht älter aus. Wir machen einen Spaziergang; ein schöner Juni-Abend über dem Kreml. Diesmal kommt es mir vor, als brauche er seinen Stock. Kostja werde auch kommen, sagt er und führt mich wieder in den Künstlerklub. Die er da kennt, grüßt er, als ob nichts wäre. Sie grüßen zurück, aber diesmal bleiben wir allein an einem Tisch; nur Kostja kommt hinzu. Sie reden über den Prager Frühling, ohne zu flüstern, hoffnungsvoll. Rechnen sie damit, daß hier niemand Deutsch versteht? Sie sparen den Namen Dubček nicht aus. Ob es nicht klüger wäre, daß wir uns anderswo unterhalten? Sie sind gleicher Meinung: Wenn wir uns verstecken, so sind wir verloren, Angst können wir uns nicht leisten. Kostja Bogatyrjow, der Rilke-Übersetzer und ein Freund von Pasternak, ist schmächtig, im Gegensatz zu Lew, dem Hünen mit kurzem Grauhaar, ein Ironiker und melancholisch; beide sind russische Juden. Auch Kostja ist unter Stalin in Gefängnissen gewesen. Hier, so sagen beide, sei ihr Platz, was immer ihnen widerfahre. Beide also keine Zionisten. (1976 ist Kostja Bogatyrjow vor seiner Wohnung überfallen worden und später seinen Verletzungen erlegen, die Täter sind unbekannt geblieben.) Was bedeutet ein Ausschluß aus der Partei, ein Ausschluß aus dem Schriftstellerverband? Sein Goethe-Buch, eine Arbeit von Jahren und schon gedruckt, wird jetzt eingestampft. Unter Stalin, sagt Lew, war es schlimmer.

Der Leser dieses kurzen Buches wird über die Art der Proteste, die Kopelew erhoben hat, über die Vorladungen und die Art solcher Verhöre mehr erfahren, als ich damals von ihm erfahren habe.

Seine neue Wohnung, wo ich Lew nach der Wolga-Fahrt besuche, ist eng, sie hat aber einen kleinen Balkon, den er zeigt wie ein Hans im Glück. Ob außer seiner Frau, die aus dem Englischen übersetzt, auch die Tochter, die einmal vorbeigeht, und der Schwiegersohn hier wohnen, wird mir nicht klar. In seiner Klause voller Bücher hängen Fotos, zum Teil gerahmt: Böll (mit Widmung), Brecht natürlich, Pasternak, Dürrenmatt, der junge Kafka, Romain Rolland, Sartre und andere, die ich nicht kenne. Wir unterhalten uns über Peter Weiss und Martin Walser, deren Werk er kennt, über die Prosa von Ingeborg Bachmann und über Christa Wolf, die ich auf der Wolga kennengelernt habe. Die meisten auf dem Schiff sind Funktionäre gewesen. Was redet man, wo jeder weiß, was hier jeder zu sagen hat und was zu denken zur Zeit nicht erlaubt ist, und wozu soll ein Fremder sagen, was er sich denkt? Sie fragen auch gar nicht, sie hüten sich; dann müßte wieder einer für alle die offiziöse Meinung über die Freundschaft von Gorki mit Lenin vortragen, und die haben wir auf dem Schiff schon dreißigmal angehört. Einen Mann wie Michalkow, Vorsitzender des Schriftstellerverbandes, stört es nicht, wenn man die eine oder andere seiner Behauptungen widerlegen kann, er kommt auch so zur gleichen Schlußfolgerung und nimmt es nicht persönlich, wenn man schließlich zeigt, daß man sich langweilt; ein Mann wie Michalkow ist ziemlich mächtig und braucht nicht zu überzeugen, und so redet man denn lieber über die Landschaft, die großartige. Sie wissen natürlich, daß ich Lew Kopelew kenne; sie erwähnen ihn nicht. Ich höre auch nichts gegen ihn. Ein Genosse in Ungnade, so scheint es, ist wie nicht vorhanden; weniger als ein Verstorbener. Ob eine Möglichkeit bestehe, daß der kränkliche Kostja Bogatyrjow ein Vierteljahr als mein Gast in die Schweiz kommen könnte, habe ich einen andern Funktionär gefragt, der, im Gegensatz zu Michalkow, kein Causeur ist, sondern ein besorgter Mann, wortkarg vor Verantwortungsbewußtsein, zum Beispiel besorgt wegen der Mai-Revolte in Paris, wovon ich erzählt habe; Spontaneität kann nicht zugelassen werden. Meine Frage, betreffend Kostja Bogatyrjow, den er sehr wohl kennt, hat er nicht überhört; er entschädigt mich durch die Sonderbewilligung, Nowosibirsk zu besuchen. Wie es Lew Kopelew gehe, frage ich unter vier Augen einen dritten Funktionär; denn vor zwei Jahren habe ich diesen Mann, der oft in den Westen reist, durch Lew kennengelernt bei einem Mittagessen. Er weiß natürlich, was ich weiß, nur sagt er's anders: unser Freund, ach ja, habe Dummheiten begangen. Dann redet er von Rom, wo er im Herbst sein werde. Einmal, in Gorki, auf einem Fest mit viel Wodka, plötzlich die Frage an unserem langen Tisch: Was ist ein anständiger Mensch? In meiner Antwort habe ich keinen Namen genannt, aber ein Funktionär – wieder ein andrer – hat daraufhin unsere Gläser gefüllt und ist aufgestanden, damit wir, er und ich, anstoßen unter vier Augen: Auf Kopelew! Es wäre ungerecht zu sagen, ein Genosse in Ungnade habe keine Freunde; nur erlauben die Verhältnisse eben keine Solidarität.

Ein Mann in Ungnade, wovon lebt er?

Nachdem wir Ikonen in einer ehemaligen Kirche besichtigt haben, bringt mich Lew zu einem verbotenen Maler, dessen Malerei an Morandi erinnert und der gerne zugibt, daß er vor vielen Jahren (ich schätze ihn auf sechzig) einen Farbdruck von Morandi gesehen habe. Ein Atelier ist das nicht; ein leeres und helles Zimmer, nebenan eine Koje mit Pritsche und Kochherd. Kein Sonntagsmaler; er macht nichts anderes. Malen also darf er, nur nicht ausstellen und nicht verkaufen. Ich hätte Dollars, doch Lew übersetzt meine Frage gar nicht; der Mann würde sich strafbar machen. Worüber die beiden reden, weiß ich nicht. Wer ermutigt wen? Als wir durch einen Hinterhof weggehen, erfahre ich, daß der Mann nicht verhungern wird; offenbar gibt es doch eine Solidarität . . . Das Volk auf den Straßen, das wir unterwegs sehen, ist ein braves Volk, nach den Gesichtern zu schließen: nicht unzufrieden und auch nicht froh. Wie viele von ihnen wissen, was sie nicht wissen dürfen? Zum Beispiel über Prag oder über Paris oder über China. Einmal ein Faßkarren, wo Kwas ausgeschenkt wird wie zur Zeit von Maxim Gorki, dahinter Hochhäuser aus Stahl und Glas, das Sommerwolken spiegelt. Kein Bettler, das ist wahr. Die Masse lebt besser als unter dem Zarismus. Lew will mir einen Volkspark zeigen, und unterwegs sehe ich ein ungewöhnliches Bild: auf einem halbrunden Platz viele Gruppen von Menschen, alle gestikulieren. Ein öffentlicher Meinungsstreit? Hier versammeln sich die Taubstummen, alte und junge, wie auf einem Forum; ihr gestischer und mimischer Ausdruck ist lebhaft, für unsereinen ganz und gar unverständlich, man hat den Eindruck, sie sind offen zueinander und neugierig, im Vergleich zur schweigenden Mehrheit unbefangener, alles andere als stumpf. Im Weitergehen – jetzt durch den Volkspark – berichtet Lew von einer Denkschrift, die ein Physiker (Sacharow) dem Kreml unterbreitet habe. Davon wird das Volk in diesem Volkspark nie erfahren. Ein artiges Volk, Mütter und Kinder, die spielen, Soldaten auf Urlaub.

Wer informiert ist, geht hier als Außenseiter, auch wenn er sich zu Marx und Lenin bekennt und zu den Richtlinien des letzten Parteitags; er ist schon verdächtig, weil er, im Gegensatz zum Volk, informiert ist. Woher weiß Lew von jener Denkschrift? Die Angst vor dem Chaos für den Fall, daß das Volk informiert wäre, scheint erklärlich als die Angst einer Kaste, die im Namen des Volkes regiert und weiß, daß dieses Volk noch nie befragt worden ist, nur auf Gehorsam gedrillt, überhaupt nicht geschult in Selbstbestimmung. Ich wundere mich, woher Lew Kopelew seine gemütvolle Zuversicht nimmt, daß bessere Zeiten kommen. Im Volkspark gibt es Tee; ich sehe, wie Lew, als er in der Schlange wartet, jemand begrüßt, ohne sich in ein Gespräch einzulassen, und dabei hätten sie viel Zeit; der andere wirkt etwas devot, Lew nicht unfreundlich. Nachher erfahre ich beiläufig, wer der Mann ist, der sich mit seinem Tee an einen andern Tisch gesetzt hat: ein Genosse, der damals im Prozeß gegen Major Kopelew ausgesagt hat, später hat er um Nachsicht gebeten für seine falsche Zeugenaussage damals, die Kopelew zehn Jahre gekostet hat. Was heißt Schuft? Die Stalin-Justiz brauchte falsche Zeugen, und jedermann war damals gefährdet, sagt Lew, als wir unsern Tee trinken, und möchte hören, woran ich arbeite.

Laut Tagebuch:

Bankett in der Schweizerischen Botschaft: drei Literatur-Funktionäre und drei Männer in Ungnade, die geben einander die Hand; die in Ungnade sind, wirken freier, gelöst. Nur Ljubimow, der in diesen Tagen vernommen hat, daß sein Theater (sie spielen Brecht) geschlossen werden soll, hat Mühe mit der Geselligkeit. Wiedersehen mit Tamara, meiner Übersetzerin. Der melancholische Aksionow; wie ich später vernehme: Liebeskummer. Mein Funktionär: In diesen Räumen fühlen wir uns immer wie zu Hause. Ich komme diesmal nicht um einen Trinkspruch herum; so danke ich denn nicht zuletzt meinem Freund, der aus der Partei ausgestoßen ist, und die Funktionäre heben ihr Glas: fast gerührt, mindestens ohne Animosität. Sie mögen ihn ja, ich weiß. Auch wenn sie ein noch härteres Urteil gegen einen Genossen aussprechen oder billigen müssen, ein lebenvernichtendes, so nur, weil sie müssen.

Drei Wochen später Einmarsch in die ČSSR – und nach seinem nächsten Brief, der mich auf Umwegen erreicht hatte, wußte ich, daß Lew Kopelew nicht geschwiegen hatte. Ein verzweifelter Brief, der nicht von seiner Person berichtete, verzweifelt über sein Land. Sein Schwiegersohn gehörte zu dem Grüppchen, das auf dem Roten Platz demonstriert hatte gegen den Einmarsch in die ČSSR; er wurde mit seiner Frau verbannt. Sechs Jahre später treffe ich ihn, den Schwiegersohn, zufällig in New York; man braucht kein Prophet zu sein, um sagen zu können, daß dieser junge Mann, auch wenn er die englische Sprache einmal erlernt hat, an dieser Fremde immer leiden wird. Er wolle ein Buch schreiben, sagt er, und wenn ich richtig verstanden habe: kein politisches Buch und kein Pamphlet, sondern ein Buch über Menschen, die er in Sibirien getroffen hat, so viele gute und wunderbare Menschen.

Bekenntnis zum Wort

Daß es in der Sowjetunion einmal eine Öffentlichkeit geben könnte, ein Forum, wo die Klasse, in deren Namen regiert wird, selber zu Wort käme, wie es in Prag möglich gewesen wäre, das ist die Hoffnung von Lew Kopelew, eine verwegene Hoffnung, keine konterrevolutionäre, im Gegenteil. Er habe aufgehört, so schreibt Lew Kopelew, ein Kommunist zu sein. Ich sehe ihn deswegen nicht im Einverständnis mit Lesern, die diesem Geständnis eine schlichte Bekehrung zum Kapitalismus entnehmen möchten. Dazu ist er ein zu brüderlicher Mensch; ein Sozialist ganz und gar. Säße er hier, heute ein Mann mit weißem Bart, die starken Hände auf den Griff seines Stockes gelegt, niemand könnte mit Lew Kopelew wie mit einem Überläufer sprechen. Es gelänge nicht einmal (das weiß ich aus seinen Briefen) die bequeme Übereinkunft in Resignation. Das macht für alle, die ihn kennen, diesen Mann so wichtig; er bleibt ein Herausforderer mit seinem Glauben an die Macht des Wortes – gemeint ist allerdings das Wort, das sich deckt mit dem Verhalten der Person, die es ausspricht oder schreibt, das Wort in Kongruenz mit einer Leidensgeschichte.

Berlin, November 1976   Max Frisch

I Bekenntnis zum Wort

Seit meiner Kindheit haben meine Glaubensbekenntnisse, Götter, Idole, Propheten und Ideale sich mehrmals gewandelt, bis ich zu dem gelangt bin, was für den Evangelisten und Dichter Johannes der Anfang allen Anfangs ist: zum Wort. »Am längsten auf der Erde währt die Trauer, doch ewig lebt das majestätische Wort.« (Anna Achmatowa) Das Wort ist unsterblich, allgegenwärtig und wundertätig – es schafft neue Welten und läßt vergessene auferstehen. Mein Glaubensbekenntnis betrifft nicht nur das majestätische Wort der Dichtung, sondern auch das alltägliche, schlichte, das gedruckt oder gesprochen wird um der Wahrheit willen, um die Lüge zu widerlegen, um zu helfen, sei es auch nur einem einzigen Menschen.

Verschwörungen, Meutereien, Revolutionen, Bürgerkriege – selbst historisch notwendige, durch die Grausamkeit ungerechter Machthaber provoziert und erzwungen, selbst die von hohen Idealen, vom Streben nach humanen Zielen oder vom Opfermut der Märtyrer geheiligten – zeugen unausweichlich neues Unrecht, neue Grausamkeiten, gleichgültig, wer ihre Anführer waren: der Idealist Bakunin oder der Zyniker Netschajew, der geniale Fanatiker Lenin oder der wortgewaltige Trotzkij, der prinzipienlose, blutdürstige Paranoiker Stalin oder der sich aufopfernde Revolutionär und Asket Che Guevara.

Wenn auch die Skeptiker sagen, die Geschichte lehre nur, daß aus ihr noch niemand etwas gelernt habe, so glaube ich, für mich einige wichtige Lehren gezogen zu haben. Vor allem hat sie mir die Überzeugung vermittelt, daß die wirksamste Waffe im Kampf für die Menschenrechte, für gerechte Gesetze und bessere soziale Bedingungen nur das Wort sein kann.

»Jeder, der eine Zeitungsnotiz oder eine Gedichtzeile auf ein Blatt Papier schreibt, sollte wissen, daß er ganze Welten in Bewegung setzt.« (Heinrich Böll)

In den Jahren der Stalin-Ära absolvierte ich die Schule, arbeitete in der Fabrik, studierte an der Universität, war an der Front, dann im Gefängnis und im Lager. In diesen Jahren und während der sogenannten Entstalinisierungen durchlebte ich viele Hoffnungen und viele neue Enttäuschungen. Nach all dem bekenne ich heute, daß ich mich nicht mehr mit dem Beharrungsvermögen des Bösen abfinden kann, welches das Leben vieler meiner Landsleute vergiftet und verstümmelt. Ich kann und will nicht schweigen zu obrigkeitlicher Willkür, nicht dazu, daß Menschen wegen Gedanken und Worten verfolgt werden, bloß weil ihre Worte den Verfolgern nicht behagen.

Und ich halte einzig und allein das Wort für geeignet und zulässig, dem allen entgegenzuwirken.

Mitte der fünfziger Jahre, nach zwei Jahrzehnten scheinbarer Einmütigkeit und aufgezwungener Gesinnungsgleichheit, brachen bei uns neue Triebe eines unabhängigen Geisteslebens durch. Es entstand eine gesellschaftliche Bewegung, zu deren Repräsentanten und Bannerträgern Lydia Tschukowskaja[1], Andrej Sacharow, Alexander Solschenizyn, Pjotr Grigorenko[2], Alexander Twardowskij[3] mit seiner Zeitschrift *Nowyj mir* und die umfangreiche Untergrundliteratur des *Samisdat* wurden.

In den mittlerweile vergangenen zwei Jahrzehnten haben diese neuen Kräfte sich naturgemäß nicht einheitlich, sondern durchaus auch widersprüchlich entwickelt. Die Bewegung erwies sich nicht als so breit und so stark, wie es den Optimisten anfänglich schien. Andererseits versandete sie aber auch nicht und war nicht kleinzukriegen, wie ihre Gegner erwarteten und die Pessimisten prophezeiten.

Die Kämpfer für das freie Wort bringen Opfer. Jurij Galanskow[4] starb im Lager. Ilja Gabaj[5] beging Selbstmord, kaum daß er wieder auf freiem Fuß war. Grigorij Podjapolskij[6] starb am Herzinfarkt. Wladimir Bukowskij[7], Mustafa Dshemiljew[8], Semjon Glusman[9], Sergej Kowaljow[10], Anatolij Martschenko[11], Walentin Moros[12], Wladimir Ossipow[13], Iwan Swetlitschnyj[14], Gabriel Superfin[15], Andrej Twerdoschlebow[16] und Hunderte, ja gewiß Tausende anderer leiden in Gefängnissen, Lagern, Nervenheilanstalten oder in der Verbannung. Wieder andere resignierten, enttäuscht, verzweifelnd oder in Sorge um ihre Angehörigen, zogen sie sich »ins Privatleben« zurück. Auch ein paar Feiglinge und Verräter hat es gegeben, aber nur sehr wenige. Wieder andere wurden gezwungen, die Heimat zu verlassen: Natalja Gorbanewskaja[17], Andrej Amalrik[18], Jossif Brodskij[19], Efim Etkind[20], Anatolij Jakobson[21], Alexander Jessenin-Wolpin[22], Alexander Galitsch[23], Naum Korshawin[24], Anatolij Krasnow-Lewitin[25], Pawel Litwinow[26], Wladimir Maximow[27], Schores Medwedjew[28], Wiktor Nekrassow[29], Dmitrij Panin[30], Leonid Pljuschtsch[31], Walerij Tschalidse[32] und eine Reihe anderer. Sie bemühen sich nach Kräften, auch vom Ausland her aktiv an der Entwicklung unserer öffentlichen Meinung und unserer Literatur teilzunehmen.

Dennoch: trotz aller Behinderungen, Drohungen, Verfolgungen und Strafen, trotz aller lächerlichen und sogar mitfühlenden Überredungsversuche ist auch diesseits unserer Grenzen die Quelle freien Denkens nicht versiegt.

Jelena Bonner[33], Tatjana Chodorowitsch[34], Raissa Lert[35], Nadjeschda Mandelstam[36], Lydia Tschukowskaja, Tatjana Welikanowa[37], Jewgenij Barabanow[38], Wadim Borissow[39], Dmitrij Dudko[40], Wladimir Kornilow[41], Roy Medwedjew[42], Jurij Orlow[43], Andrej Sacharow, Igor Schafarewitsch[44], Sergej Sheludkow[45], Walentin Turtschin[46], Wladimir Wojnowitsch[47] und viele andere. Es sind Menschen höchst unterschiedlicher Ansichten, verschiedenster Schicksale, miteinander häufig ganz und gar nicht einig. Doch sie alle setzen die Bewegung fort, sie bahnen dem Wort den Weg, das unabhängig von staatlicher Aufsicht und von den Schlagbäumen der Zensur ist. Was auch immer jenen geschieht, die mithelfen, das Wort zu befreien – das Wort lebt. Man kann es nicht mehr erschlagen, man kann es nicht mehr einkerkern.

Ich beschloß, die nachstehenden Erklärungen, Briefe und Protokolle verschiedener Jahre, vom Dezember 1962 bis zum Oktober 1976, zu veröffentlichen, weil sich in diesen persönlichen Archivalien in charakteristischen Zügen auch ein Querschnitt unseres gesellschaftlichen Lebens abzeichnet. Gerade diese aufrichtig loyalen Briefe führten dazu, daß ich zum Renegaten und Verleumder erklärt und aus der Partei ausgeschlossen wurde, daß ich meine Arbeit verlor, nicht mehr öffentlich Vorträge halten darf und in meinem Heimatland nichts mehr drucken lassen kann.

Im Verlauf von anderthalb Jahrzehnten hat sich um mich und in mir vieles verändert. Ich hörte auf, Kommunist zu sein. Ich denke inzwischen anders über die Ansichten von Marx und Lenin und über die sozialistischen Ideen. Doch habe ich nicht »Rechtsum kehrt« gemacht wie so manche, die zu fanatischen Antikommunisten wurden, aber den echt bolschewistischen Haß auf Demokratie und Liberalismus und auf jeglichen Widerspruch zu ihrer allein seligmachenden Ideologie beibehielten.

Beim Wiederlesen mancher früherer Beurteilungen und Überlegungen merke ich, daß »wie Bienen in einem leeren Stock tote Worte übel riechen«(Gumiljow). Aber ich korrigiere nichts. Ich streiche weder naive dogmatische Argumente, noch hartnäckige Wiederholungen von Binsenwahrheiten. Denn ich bin überzeugt: nur vorbehaltlose Ehrlichkeit der eigenen Vergangenheit gegenüber macht es möglich, in Gegenwart und Zukunft ehrlich zu sein. So wie ich es schrieb, dachte und fühlte ich damals, und so empfand ich meine Pflicht als Bürger und Parteimitglied.

Überdies habe ich eine besondere, doppelte Verpflichtung: In den Jahren 1945 bis 1947, als ich verhaftet und später als Staatsverbrecher verurteilt wurde, traten meine Freunde und Kameraden vor Gericht auf, um mich zu verteidigen. Damals war das unvergleichlich gefährlicher als heute. Meine Verteidiger wurden aus der Partei ausgeschlossen, aus der Armee oder von ihren Arbeitsplätzen entlassen, galten als »verdächtig«, weil sie für mich eingetreten waren. Und jedes Mal, wenn ich versuche, ungerecht Verfolgte und Verurteilte zu verteidigen, danke ich damit meinen damaligen Verteidigern, auch denen, die nicht mehr leben, und jenen, die nicht mehr meine Freunde sind.

Heute gehöre ich keiner Partei an, auch keiner politischen Richtung. Ich betrachte mich nicht als Dissidenten. Ich glaube an keinerlei heilbringende Offenbarungen, Programme oder Chartas. Doch ich bin fest überzeugt, daß für alle Völker meines Landes und jener Länder, deren Geschichte ich kenne, Gesetze lebensnotwendig sind, die Sicherheit und das Recht aller Menschen und jedes einzelnen bedingungslos und uneingeschränkt schützen. Die wirksame Einhaltung dieser Gesetze ist nicht denkbar ohne echte Öffentlichkeit, ohne wirkliche Freiheit des Wortes. Wirkliche Freiheit, das bedeutet Freiheit für Andersdenkende, für Andersgläubige, zu sprechen und zu publizieren. Ohne diese Gesetze, ohne Öffentlichkeit und Toleranz kann es keine gesunde Gesellschaft geben, kann keine der tödlichen Gefahren abgewendet werden, die die ganze Menschheit bedrohen.

Diese Überzeugung bestimmt alles, was ich sage oder schreibe. Nur mein Gewissen kann mir Führer, Zensor und Richter sein.

Lew Kopelew

II Verbietet die Verbote!

Aus dem Stenogramm einer Rede auf der Konferenz der Kunstschaffenden, einberufen von der allrussischen Theatergesellschaft, dem Kunsthistorischen Institut und der Akademie der Künste im Dezember 1962.

Die Erben Stalins sind noch heute überaus schädlich und gefährlich. Ganz besonders dort, wo sie sich am »Kampf gegen den Personenkult« beteiligen. Mir erscheint es gefährlich, wenn sozusagen Stalinsche Methoden zur Überwindung des Stalinschen Erbes angewendet werden.

Einige Beispiele. Kürzlich sah ich im Kino auf dem Twerskoj-Boulevard den Film »Mein Kampf« (der Titel ist bei uns geändert). Der Film ist sehr eigenwillig und nicht eben glücklich synchronisiert. So schweigt die sonst ununterbrochen redende Stimme des Sprechers seltsamerweise plötzlich in jenen Szenen, die die Schlacht bei Stalingrad zeigen. Der Ansager wagt nicht, das Wort Stalingrad auszusprechen.

In diesem Sommer stoppte man in einem Verlag die Publikation eines Buches über Pablo Neruda, weil sein bedeutendes, 1943 geschriebenes Poem den Titel »Liebeslied für Stalingrad« trägt und der Autor den Titel nicht in »Liebeslied für Wolgograd« umändern wollte.

Die Neigung, Stalinsche Methoden zur Überwindung des Stalinschen Erbes anzuwenden, tritt hin und wieder auch bei aufrichtigen Gegnern des Kults auf. Und diese Neigung zeigte sich auch heute, wie ich meine, hier bei einigen Rednern. Vor ein paar Jahren flüchteten diejenigen, die dem Kampf gegen den Kult ausweichen wollten, zu Redensarten wie: »Man soll den Finger nicht in eine offene Wunde legen.« »Wir wollen uns doch nicht selbst entblößen.« »Man muß die schwere Vergangenheit endlich vergessen.« usw. Inzwischen aber kam eine andere, dem völlig entgegengesetzte Gefahr auf: Man ist bestrebt, nur noch von der Vergangenheit zu sprechen, nur noch über Stalins Verbrechen und Fehler. Dabei distanzieren sich diese allereifrigsten Entlarver entschieden von dieser Vergangenheit: »Zum Glück bin ich ja unschuldig an all dem, ich habe nur Befehle ausgeführt, bin ja selbst ein Opfer!«

In dem Theaterstück von Jewgenij Schwarz »Der Drache« gibt es folgende Episode. Der Schuft Heinrich, dieser servile Knecht des Drachen und Gehilfe von dessen Nachfolger, sagt zu dem edlen Lanzelot: »Ich bin unschuldig. Man hat mich so gelehrt.« Doch Lanzelot erwidert ihm: »Alle hat man so gelehrt, aber warum warst du Rindvieh immer ein Musterschüler?!«

Heute bringt es weder den Musterschülern, noch denen, die keine Musterschüler waren, etwas ein, die alten Lektionen zu wiederholen. Heute gilt es, zu begreifen, daß man das Stalinsche Erbe bekämpfen muß, und zwar auf Leninsche Art und nicht auf Stalinsche. Ich könnte auf mein formales Recht pochen, mich über diese Dinge sehr viel schärfer zu äußern, weil ich während des Personenkults fast zehn Jahre in Gefängnissen und Lagern verbracht habe. Aber ich will mich hier nicht hinter einer für mich bequemen, glaubwürdigen Unwahrheit verschanzen. Denn man hat mich ja nicht verhaftet und verurteilt, weil ich etwa gegen den Stalinkult gekämpft hätte. Ich wurde verhaftet und verurteilt auf Grund einer politischen Anklage. Ich hatte versucht, Erscheinungen in unserem gesellschaftlichen Leben zu bekämpfen, die ich für ideologisch falsch hielt. Ich verband jedoch damals diese Erscheinungen nicht mit der Person Stalins. Im Gegenteil: Stalin vertraute ich bedingungslos, und ich glaubte, wenn es mir nur gelänge, bis zu ihm vorzudringen und ihm die ganze Wahrheit zu erzählen, würde er alles in Ordnung bringen. Aber obwohl ich nicht gerade ein »Musterschüler« gewesen bin, fühle ich mich genauso mitverantwortlich für alles, was unter Stalin geschah, und ebenso dafür, wie wir heute mit dieser Vergangenheit umgehen.

Der Stalinkult hat uns ideologisch entwaffnet, ja, buchstäblich ideologisch entwaffnet. Darüber haben hier heute die Genossen Jutkewitsch und Romm[48] sehr viel Interessantes berichtet. Indessen wird auch heute immer noch unsere Bevölkerung unrichtig darüber informiert, wie unsere Kunst und unsere Literatur wirklich rezipiert werden, bei uns und im Ausland. Ständig ist von einem abstrakten »Leser« oder »Zuschauer« die Rede, aber nie ernsthaft von den realen Lesern und Zuschauern. Die ebenso lautstarke wie unbegründete Bezugnahme auf »unseren Leser«, »unseren Zuschauer«, auf »die Forderungen des Volkes« gehören zu einer unserer übelsten Traditionen. Je eher wir uns von ihr befreien, desto besser. Wenn irgendeiner der hier im Saal Anwesenden oder gar ein Vertreter der höchsten Parteiinstanzen zu erfahren wünscht, welche Bücher unserer Autoren übersetzt werden und in welchen Ländern, wie man sie dort aufnimmt, wie die Presse über unsere Filme und Kunstausstellungen urteilt, wie konkrete Werke und die allgemeinen Tendenzen der Entwicklung unserer Kunst und Literatur von Gegnern und Sympathisanten eingeschätzt werden, würde er auf diese Fragen keine genaue Antwort erhalten. Denn niemand befaßt sich bei uns ernstlich damit. Nur das Fehlen wahrer, objektiver Informationen, nur die vollkommen unrichtigen Vorstellungen davon, wie man uns liest und betrachtet, nur die absolute Gleichgültigkeit sowohl dem Publikum wie auch den gesellschaftlichen Zielen und der Bedeutung unserer Kunst gegenüber, nur die Indifferenz gegenüber Freunden und Gegnern kann zum Beispiel erklären, daß man einen Film wie »Menschen und Tiere«[49] exportiert hat und auch bei uns in der Presse reißerisch anpreist. In diesem Film verkörpern sich meiner Meinung nach unsere allerschlechtesten Traditionen und die schlechtesten des ehemaligen »Neuerertums«.

Auch in der Literatur gibt es Beispiele derartiger Taubheit.

Sie stammt aus der in jüngst vergangener Zeit üblichen selbstzufriedenen Gleichgültigkeit, als man ins Leere publizierte, ohne Rückkoppelung, ohne auf die Resonanz zu achten, ohne Rücksicht, weder auf das allgemeine Ziel noch auf die konkreten Ergebnisse; als man einzig und allein auf die Billigung und das Lob höherer Instanzen achtete. Die Zeitschrift *Sowjetische Literatur* veröffentlichte 1950 in vier Sprachen Kotschetows[50] Roman »Die Brüder Jerschow«. Diese Veröffentlichung begegnete ziemlich einhelliger Aufnahme: die italienischen und französischen Kommunisten lehnten den Roman rundweg ab. Die Zeitung der französischen Kommunistischen Partei kritisierte ihn als ein ganz und gar mißglücktes, literarisch schwaches Werk, das die sowjetische Wirklichkeit nur verdunkele. Ein führendes italienisches antikommunistisches Blatt, *Il tempo presente*, das von unserem alten Gegner Ignazio Silone geleitet wird, schrieb dagegen, endlich erhalte man aus glaubwürdiger Quelle die Bestätigung vom grausamen Klassenkampf in der Sowjetunion. Das war deutlich genug. Dennoch veröffentlichte die *Sowjetische Literatur* im vergangenen Jahr wieder einen Roman von Kotschetow, »Der Sekretär des Gebietskomitees«, wieder in vier Sprachen, ohne Rücksicht darauf, daß der Roman schon im Original von unseren ausländischen Freunden scharf ablehnend beurteilt worden war, ohne Rücksicht darauf, daß Kotschetows Rede auf dem XXII. Parteitag vom Zentralorgan der italienischen Kommunistischen Partei streng kritisiert worden war.

All dies zeigt, daß bei uns noch heute ideologische Taubheit verbreitet ist, und daß nach wie vor ideologische Abrüstung betrieben wird. Daran sind jene Erben Stalins schuld, von denen Jewtuschenko sagte, daß sie Stalin von den Rednertribünen herab verfluchen, aber »den Stalin in sich« noch nicht ausgetrieben haben.

Gefährlich erscheint mir auch die formale, deklamatorische Absage an die Vergangenheit und der rein »retrospektive« Kampf gegen den Personenkult, der sich gegen Überwundenes und Begrabenes richtet. Auf den verschiedensten Gebieten unseres Lebens betätigen sich noch immer Akteure, die die alten Methoden und die alten Rezepte benutzen. Das zeigt sich auch in unseren heutigen Diskussionen. Mich betrübt der Schluß der glänzenden Rede von Michail Romm, sein Appell, »das Handwerk zu legen«, »zu demontieren«, »zu bestrafen« . . . Genosse Romm kritisierte seinen Vorredner, den Genossen Dorotin, mit Recht, der vorschlug, Leonid Leonow[51] ins ZK vorzuladen und ihm zu »empfehlen«, sich wieder der Bühnendichtung zuzuwenden. Romm sagte sehr richtig, dies zeuge von überholtem Denken. Doch dann legte er selbst ebensoviel »Kult-Stil-Denken« an den Tag, als er dazu aufforderte, »ihnen das Handwerk zu legen«. Sollen wir denn wieder eine Wippe bauen – heute den einen, morgen den anderen verprügeln? Den Stalinschen Stil durch den Leninschen ersetzen, bedeutet, den ideologischen Kampf ausschließlich mit ideologischen Mitteln zu führen, ohne administrative Maßregelungen, ohne »Demontage«, das heißt, ohne Entlarvungs- und Schmähkampagnen, bei denen der in die Mangel Genommene keine Möglichkeit hat, sich zu verteidigen oder zu schützen.

Romm liefert gerade den »Demonteuren«, die er heute »demontieren« möchte, die besten Argumente. Sie können nun jammern, daß man mit ihnen nach alter Stalinscher Manier abrechne, und sie entkommen so der echten, das heißt ruhigen und objektiven Bewältigung und Überwindung jenes Schadens, den sie verursachten und noch immer verursachen. Geradeso agieren die Erben Stalins, die zäh und verbissen ihre Positionen in Literatur und Kunst verteidigen.

Im Sommer dieses Jahres veröffentlichte *Nowyj mir* einen kurzen Brief, unterzeichnet von Anna Achmatowa, Wsewolod Iwanow, Samuil Marschak und dem Literaturwissenschaftler Professor Bondy. Dieser Brief richtete sich gegen ein flegelhaftes, hemmungsloses Feuilleton von Nasarenko, der in den gröbsten Ausdrücken in der Zeitschrift *Oktjabrj* die seriöse wissenschaftliche Arbeit eines alten Puschkinforschers verhöhnt hatte. Die Zeitschrift *Oktjabrj* reagierte mit einer ganzen Seite auf diesen Brief und behauptete, Anna Achmatowa und Wsewolod Iwanow seien »Demonteure« und Nasarenko das unglückliche Opfer der Demontage. Lassen Sie uns hier klarstellen, was eine Demontage bedeutet: Sie überfällt einen Menschen mit Beschuldigungen, auf die zu antworten und die zu entkräften man dem Beschuldigten keine Gelegenheit gibt, und sie endet für den Demontierten in der Regel mit administrativen Konsequenzen. Früher bedeutete das im schlimmsten Fall: in Workuta Kohle zu fördern, in Wetluga Bäume zu fällen, in Kolyma[52] Gold zu waschen; im günstigsten Fall geriet der Betroffene in quälende finanzielle Abhängigkeit von seinen Angehörigen, weil er auf Jahre hinaus keine Möglichkeit hatte, etwas zu publizieren, beziehungsweise überhaupt irgend etwas zu verdienen. Nichts dieser Art kann heute geschehen, und man darf dazu auch nicht auffordern.

Wir führen in diesen Tagen ein ernstes, leidenschaftliches und offenes Parteigespräch über die Hauptprobleme unserer Kunst. Derartige offene und aufrichtige Gespräche sind für alle Stalin-Erben aufs höchste gefährlich, auch für die, die sich zur Kunst und zur Literatur gehörig fühlen. Denn wir machen sie unschädlich, indem wir die Wahrheit über sie sagen, indem wir überzeugend und beweiskräftig berichten. Über Wahrheit wurde hier sehr viel gesprochen. Viel Gutes und Richtiges wurde gesagt. Das Wort »Wahrheit« erklingt immer häufiger bei uns. Und im Namen der Wahrheit will ich einiges gegen Nadjeschda Alexandrowna Dmitrijewas glänzendes Referat einwenden. In diesem ausgezeichneten Referat vernahm ich Sätze, die ihm in Inhalt und Ton widersprachen; sie liefen der Wahrheit, die wir jetzt so laut von Kunst, Wissenschaft, Literatur, von allen Gesprächen über Kunst fordern, zuwider. Ich meine vor allem den Satz über Modernismus, der »vom Imperialismus ausgehalten« würde. Diese unrühmlich bekannte Wortverbindung wird wie zum Possen ausgerechnet an dem Tag verwendet, an dem in Moskau in der Kommunistenstraße eine Ausstellung Moskauer abstrakter Maler eröffnet worden ist . . . Allerdings wird heute, Gott sei Dank, kein normaler Mensch glauben, daß diese Moskauer Maler vom Imperialismus ausgehalten werden. Mir ist die abstrakte Malerei ziemlich fremd. In neun von zehn Fällen sagen mir abstrakte Bilder nicht zu, oder sie erscheinen mir allenfalls mehr oder weniger amüsant. Doch zu behaupten, die abstrakte Kunst sei ein Produkt des Imperialismus und existiere lediglich ihm zum Nutzen, bedeutet, bewußt die Unwahrheit zu sprechen, Tatsachen abzuleugnen. Es ist allgemein bekannt, daß die sogenannte linke Kunst, die ihren höchsten Ausdruck in der abstrakten Malerei fand, in unserem Lande während der Sowjetmacht in den ersten Jahren nach der Revolution eine Massenblüte erlebte; das war in den Jahren vor dem Personenkult.

Demgegenüber wurde die abstrakte Kunst am konsequentesten und erbarmungslosesten dort unterdrückt, wo man sie Kulturbolschewismus nannte, als man in Hitlerdeutschland die Gemälde von Klee, Kokoschka, Kandinskij, Chagall, Picasso in Schränke mit zersetzenden Gasen einschloß . . . Ja, und auch dem Imperialismus so nahestehende Männer wie Truman, Churchill, Eisenhower, Papst Pius haben die abstrakte Kunst stets mißbilligt. Übrigens schrieben sie ihre Entstehung uns zu. Orest Werejeskij[53] erzählte, als er neulich von einer Reise in die USA zurückkam, daß er mit seinen Begleitern das Bostoner Museum hatte besuchen wollen, das – da Sonntag war – geschlossen hatte. Der diensthabende Wachmann sagte, als er merkte, woher die Fremden kamen, vorwurfsvoll: »Ihr Russen habt ja, statt anständige Bilder zu malen, diese Schmiererei erfunden, die kein Mensch verstehen kann.« Er war völlig überzeugt, daß die abstrakte Malerei von uns in die USA exportiert worden sei.

Wir müssen unbedingt ernsthaft die gesellschaftlichen und psychologischen Vorbedingungen untersuchen, die den überaus verschiedenartigen zeitgenössischen Strömungen zugrunde liegen. Zu diesen Strömungen gehört auch die modernistische Kunst. Wir müssen unbedingt erforschen, welchen Platz sie im ideologischen Kampf einnimmt. Und dabei müssen wir unbedingt die immer noch vorhandene traditionelle Mißachtung der Wahrheit überwinden. Diese Mißachtung geht auf die Zeit zurück, in der man als wahr nur das Urteil anerkannte, das von »höheren Instanzen« kam, und diesem Urteil widersprechende Tatsachen, auch die eindeutigsten, offenkundigsten Tatsachen, verzerrte, unterdrückte oder ganz einfach ignorierte.

In England und Italien gibt es unter den jungen linken und kommunistischen Künstlern viele abstrakte Maler. Über Picasso wurde hier schon genügend gesprochen. Man kann auch auf Matisse oder Léger hinweisen. Junge Moskauer Architekten erzählten mir, daß jetzt Moskau an erster Stelle bezüglich der Qualität abstrakter Werke in der Malerei stehe, und daß unsere jungen Künstler vorwiegend abstrakt malen wollten. Das ist kein Grund zu besonderer Freude. Aber muß man denn gleich in Panik, in Verzweiflung geraten, muß man Zetermordio schreien über diese »ideologische Diversion« des Imperialismus?

In den zwanziger Jahren begann ein französischer Arzt mit Blinddarmoperationen bei Kleinkindern in der Annahme, der Blinddarm sei funktionslos, stelle keinen konstruktiven Teil des Organismus dar und verursache höchstens Unannehmlichkeiten. Es kam zu einer regelrechten Mode: Einigen tausend Kindern wurde prophylaktisch der Blinddarm entfernt. Später erst stellte sich heraus, daß in der Mehrzahl der Fälle die so »vernünftige« Entfernung dieses »überflüssigen« Appendix sich schädlich ausgewirkt hatte: Die Kinder entwickelten sich nicht normal, wurden kränklich, es gab Fälle von Kretinismus. Dies ließ sich durch nichts erklären. Aber die Fakten lagen offen zu Tage.

In den dreißiger Jahren, besonders nachdrücklich 1937/1938, entfernten wir den »Blinddarm« des Modernismus. Das blieb nicht ohne Folgen für unsere Kunst. Wenn wir heute auf Ausstellungen der angewandten Kunst polnische und tschechische Arbeiten sehen, müssen wir uns voll Scham davon überzeugen, daß wir hinter ihnen zurückgeblieben sind.

Es braucht wirklich nicht noch besonders nachgewiesen zu werden, daß wir deswegen in der Entwicklung einer echten Massenkunst für das Volk – in Plakaten, Affichen, Gebrauchsgütern, Einrichtungsgegenständen, mit einem Wort in der Entwicklung einer Kunst, die dazu berufen ist, das Leben von Millionen Menschen zu verschönern – ins Hintertreffen gerieten, weil wir den verketzerten Modernismus erbarmungslos verfolgten und ächteten.

Künstliche Unterdrückung, administratives Ausmerzen dessen, was vielleicht tatsächlich der Mehrheit von Lesern und Beschauern im Augenblick in der Kunst unnötig und überflüssig erscheint, vielen zuwider ist oder gar »nicht ganz normal« vorkommt, verkehrte sich im Endergebnis ins Gegenteil. Das sollte uns eine sehr ernste Lehre sein.

Das Thema unserer Konferenz ist »Traditionen und Neuerertum«. Von welchen Traditionen wir uns lossagen müssen, ist wohl allen hinreichend klar. In diesem Punkt sind wir fast einmütig. Doch der Umstand, daß auch heute noch jemand Neuerertum *planen* will, »Empfehlungen« ausgeben möchte, wie das Neuerertum beschaffen sein solle, das ist ebenfalls eine üble Tradition. Es ist eine *contradictio in adjecto*, sie widerspricht dem Wesen jeglichen Neuerertums. Neuerertum ist in allem und ganz besonders in der Kunst eine »Reise ins Unbekannte«. Neuerertum besteht gerade darin, daß man es nicht vorhersehen kann, daß sein Bestes immer unerwartet kommt.

Im Zusammenhang damit können wir uns auf die Leninschen Prinzipien beziehen, nicht als auf einen deduzierten Begriff, sondern auf ihre Verkörperung in konkreter historischer Erfahrung. Erinnern Sie sich, wie Lenin sich zu Majakowskijs Dichtung verhielt, zu Wchutemas[54] und zu einigen Inszenierungen des Moskauer Künstlertheaters . . . (Zwischenruf aus dem Saal: »Ablehnend!«)

In der Tat: er verhielt sich ablehnend, aber er verbot nichts, und er gestattete auch anderen nicht, etwas zu verbieten. (Der Vorsitzende Jurij Kalaschnikow: »Man darf nichts verbieten!«) Ganz recht, man darf nicht. Und Lenin hat den Künstlern auch keine Anweisungen gegeben, hat sie nicht bedrängt, ihnen nicht empfohlen, wie sie arbeiten sollten. Im äußersten Fall sagte er: »Das gefällt mir nicht« oder »Das erfreut mich nicht.« »Im allgemeinen kennt sich darin Anatolij Wassiljewitsch besser aus.«

Doch Anatolij Wassiljewitsch Lunatscharskij, der selbst Literat und Dramatiker war, daher natürlicherweise leidenschaftlich und subjektiv an Fragen der Literatur und Kunst Anteil nahm, ließ nicht zu, daß seine Leidenschaft und sein eigener Geschmack seine Arbeit als Volkskommissar für das Bildungswesen beeinflußte. Er sorgte dafür, daß Schriftsteller und bildende Künstler sich untereinander nicht allzu wüst befehdeten, daß es keine ästhetische Diktatur gab, keine Monopolstellungen, keine omnipotenten Administratoren.

Heute die Leninschen Prinzipien wieder mit Leben zu erfüllen, heißt, sich nicht auf die Methode des »Handwerklegen« zurückzuziehen, heißt, offen und eindeutig jeden Schmutz aufdecken. Dann wird er sich auflösen, zerfallen. Es gibt Bakterien, die keine Luft vertragen können. Zu diesen Bakterien gehören die Erben Stalins. Sie können in der sauberen Atmosphäre offener und leidenschaftlicher, aber auch sachlicher und kameradschaftlicher Diskussion nicht gedeihen und werden unschädlich.

Man darf Neuerertum weder planen noch »ausrichten«. Dann hört es auf, Neuerertum zu sein. Wir alle stimmen darin überein, daß Propaganda der Gegenrevolution und Pornographie zu verbieten sind. Doch wenn jemand abstrakte Bilder malt, die der Mehrheit von uns nicht gefallen, so soll er malen, solange er selbst dessen nicht überdrüssig wird, solange ihn seine Kollegen in Diskussionen nicht eines anderen überzeugen. Und wenn einer Gedichte schreibt und seine Zeilen in Leiterchen, Gittern oder Rädern anordnet, soll er es tun, solange er Leser findet. Wir werden diskutieren, werden kritisieren.

Aber wir dürfen niemanden »demontieren«, niemanden »abwürgen«. Statt dessen müssen wir unseren Standpunkt ehrlich und tapfer verfechten, unerschrocken debattieren. Die Hüter der schlechten Tradition müssen ihre Immunität gegen Kritik verlieren, keinerlei Ämter und Würden dürfen ihnen als Schutzbrief dienen. Andererseits dürfen wir auch nicht unter dem Vorwand, gegen »falsches Neuerertum« und Formalismus zu kämpfen, irgend etwas verbieten, dürfen niemanden in den Untergrund treiben.

Verbote müssen für immer verboten werden.

Anmerkung des Autors:

Der Text dieser Rede wurde nicht veröffentlicht, das Stenogramm jedoch unverzüglich dem Zentralkomitee übergeben; und Ende Dezember verurteilte mich L. F. Iljitschow, der damalige Vorsitzende der ideologischen Kommission des ZK, in einer Rede auf einer vom Komsomol-Zentralkomitee einberufenen Konferenz der »Kunstschaffenden Jugend« wegen »Versöhnlertum gegenüber dem Formalismus«. Dieses kategorische Urteil führte dazu, daß man mich im Parteibüro der Sektion »Kritik« der Moskauer Organisation des Sowjetischen Schriftstellerverbandes und in der Parteiorganisation des Kunsthistorischen Instituts hart in die Mangel nahm. Nach langen erschöpfenden Gesprächen wurde ich gezwungen, eine »Erklärung« zu schreiben. In der Sache nahm ich zwar nichts zurück, gab aber zu, einige Gedanken inkompetent und unüberlegt formuliert zu haben. Diese »Erklärung« wurde ebenfalls nirgends veröffentlicht, sie war lediglich als rituelle Handlung verlangt worden, um den traditionellen Normen und Formen der »Parteilichkeit« Genüge zu tun. Es war mein letzter Kompromiß mit meinem Gewissen, das letzte Zugeständnis an tote Rituale.

III   Zum »Fall Andrej Sinjawskij«

An das Sekretariat des Zentralkomitees der KPdSU. An die Ideologische Kommission beim ZK der KPdSU. An das Präsidium der Verwaltung des Schriftstellerverbandes der UdSSR.

Moskau, 27.11.1965

Am 22. November dieses Jahres äußerte Genosse G. I. Kunizyn auf der offenen Parteiversammlung im Kunsthistorischen Institut viele interessante Gedanken, die Zustimmung bei der Mehrheit der Anwesenden fanden, und im Anschluß an die Versammlung vielen – darunter auch mir – dazu verhalfen, sich über die eigene Arbeit konstruktive Gedanken zu machen. Indessen kann ich nicht mit dem übereinstimmen, was er im Zusammenhang mit einzelnen, ungesunden Erscheinungen und über eine Feindagentur in unserer Mitte sagte. Genosse Kunizyn nannte drei Namen: Tarsis[55], Sinjawskij[56] und Rabin[57]. Schon während der Versammlung äußerte ich meine Zweifel an der Berechtigung, diese drei Namen in einem Atemzug zu nennen. Genosse Kunizyn wies meine Zweifel zurück. Und darum möchte ich sie nun genauer begründen.

Walentin Tarsis ist ein talentloser, verbissener Graphomane; seine Äußerungen in der ausländischen Presse tragen tatsächlich den Charakter politischer Ausfälle. Der begabte Maler O. Rabin – wie immer man sich auch seinen Bildern gegenüber verhält – verdient selbstverständlich weder politische Beschuldigungen, noch das diffamierende »Zusammenspannen« mit Tarsis.

Andrej Sinjawskij, ein hochbegabter und gebildeter Literaturwissenschaftler, genießt in breiten Kreisen der Intelligenz durchaus verdiente Autorität und ist über die Grenzen unseres Landes hinaus bekannt. Genosse Kunizyn sagte, Sinjawskij sei verhaftet worden unter der Beschuldigung, in der ausländischen Presse unter dem Pseudonym Terz publiziert zu haben. Gerüchte über die Verhaftung und über diese Beschuldigung werden schon seit einiger Zeit verbreitet und grassieren jetzt verstärkt durch die uns beileibe nicht freundschaftlich gesonnenen ausländischen Zeitungsmeldungen und Rundfunksendungen, und sie rufen ungläubige, besorgte Anfragen von seiten unserer Freunde hervor.

Ich halte es für meine Pflicht als sowjetischer Bürger und als Parteimitglied, Ihre Aufmerksamkeit auf folgende Umstände zu lenken:

1. Ich weiß selbstverständlich nicht, in welchem Maße die Sinjawskij vorgeworfenen Beschuldigungen begründet sind. Ich las aber in einer deutschen Zeitschrift die Erzählung des vielberufenen Terz »Der Prozeß beginnt«. Dieses literarisch kümmerliche Machwerk ist überreich an Ungenauigkeiten und sachlichen Fehlern, die von nur äußerst vager Kenntnis des sowjetischen Lebens zeugen. Es ist kaum möglich, sich vorzustellen, daß ein talentierter und gebildeter Literat über viele, viele Seiten hin einen unbegabten Ignoranten simuliert. Noch schwerer ist es, Gründe und Ziele einer derartigen Verstellung zu begreifen.

Ganz unabhängig von diesen Überlegungen gibt die Erzählung an sich, die Ereignisse der Jahre 1952/53 schildert – bei aller Anfechtbarkeit ihrer ideologischen Voraussetzungen und ihrer historischen Unglaubwürdigkeit –, keinerlei Anlaß zu Strafverfolgung, Verhaftung und einer Ermittlung, die so im geheimen betrieben wird, daß sie an hinreichend denkwürdige Ereignisse gemahnt, die auf dem XX. und XXII. Parteitag entschieden verurteilt worden sind.

2. Eben deshalb weckt Sinjawskijs Verhaftung Gerüchte und Stimmungen, die eine reale Gefahr auch für unsere Position im internationalen ideologischen Kampf um die Lösung vieler

Probleme der ideologischen Erziehung bedeuten, vor allem hinsichtlich der Erziehung der Jugend.

Die Erfahrung der jüngsten Geschichte bezeugt eindeutig, daß die Kampagne gegen Pasternak 1958, die grobe Demontage Jewtuschenkos[58] wegen seiner Autobiographie 1963, der »Fall« Brodskij[59] 1964 uns nichts als Schaden eingetragen haben, zum Teil sogar irreparablen Schaden. Diese Kampagnen schadeten dem internationalen Prestige unseres Staates und unserer Literatur, sie desorientierten und erschreckten unsere ausländischen Freunde. Nicht weniger schadeten sie der moralisch-politischen Erziehung unserer Jugend und führten jene traurige Vertrauenskrise herauf, die weder durch rhetorische Belehrungen noch durch Schelten und Strafen zu überwinden ist.

3. Dies darf man nicht vergessen. Und wenn man daran erinnert, kann man nicht umhin, die Frage zu stellen: zu welchen Ergebnissen kann der »Fall« Sinjawskij führen, wenn tatsächlich bewiesen wird, daß er in irgendeiner Weise mit dem Machwerk des Terz verknüpft ist?

Es versteht sich von selbst, daß ein solcher »Fall« ein vielfältiges Echo wecken wird; es wird aufrichtige Verurteilungen Sinjawskijs in scharfen Formulierungen geben. Doch vom Standpunkt der realen Interessen von Partei und Staat wird dies nichts anderes sein als Atheismus-Vorlesungen für Atheisten.

Dagegen ist gerade für jenen Teil der Jugend und der Intelligenz, deren Erziehung unsere ganz besonders ernste Sorgfalt gilt, dieser Fall nur ein neues Argument dafür, daß bei uns noch immer nicht die volle Einhaltung der Gesetzlichkeit gewährleistet ist; er ist ein neuer Erreger, ein aktiver oder passiver, ein verborgener – und dadurch um so gefährlicherer, der dem ideologischen Einfluß unserer Presse und unserer Literatur entgegenwirkt.

4. Solche Ergebnisse sind unvermeidlich, da Sinjawskij für etwas verhaftet worden ist, wofür andere lediglich kritisiert werden. Tarsis hat man es nicht einmal verwehrt, ausländische Honorare in Devisen zu empfangen. Solche Ergebnisse

sind um so unvermeidlicher, als Sinjawskij unter dem Verdacht verhaftet worden ist, Handlungen begangen zu haben, die auf Grund unserer Verfassung gar nicht verbrecherisch sind.

Wenn ich heute noch so dächte wie vor 25 oder 30 Jahren, dann würde ich wahrscheinlich glauben, daß alle diese Fälle (Pasternak, Jewtuschenko, Brodskij, Sinjawskij) bösartige Feinde angezettelt hätten, die unser Land und unser Volk diskreditieren wollen. Doch die traurige Erfahrung vieler Jahre hat mich überzeugt, daß es leider mehr als genug »diensteifriger Freunde« gibt, die gefährlicher sind als selbst der schlimmste Feind[60].

5. In Anbetracht der konkreten Aufgaben und der keineswegs leichten Probleme im gegenwärtigen ideologischen Kampf ist es unumgänglich notwendig, Sinjawskij schnellstens freizulassen und die Materialien dieses Falles an das Institut für Weltliteratur, in dem Sinjawskij arbeitet, und an den Schriftstellerverband, dessen Mitglied er ist, abzugeben.

IV   Novellen als Verbrechen

An die Rechtsberatungsstelle Nr. 1 des Perwomajskij-Rayons der Stadt Moskau

Moskau, 5./6. Februar 1966

In Beantwortung Ihres Schreibens vom 1. Februar 1966 (Nr. 1–25), in welchem Sie eine Beurteilung der Werke von Julij Daniel[61] anfordern, die, wie Sie betonen, »im Zusammenhang mit der Bearbeitung eines Kriminalfalles notwendig« ist, halte ich es für unbedingt erforderlich, folgendes mitzuteilen:

1. Ich habe die Novelle »Hier spricht Moskau« und die Erzählungen »Die Hände« und »Der Mann vom Minap« von Nikolaj Arshak gelesen. In den Artikeln von Jerjomin in *Iswestija* und Soja Kedrina in *Literaturnaja gaseta* wird behauptet, Nikolaj Arshak sei das Pseudonym von Julij Daniel. Eine gründliche Analyse der genannten Erzählungen würde zu verschiedenen Deutungen und Beurteilungen führen, vielleicht auch zu einer scharfen Kritik ideell-künstlerischer Mängel. Eine solche Analyse kann nur Sache berufsmäßiger literaturkritischer Forschung sein, die unbedingt eine Diskussion gegensätzlicher Gesichtspunkte erfordert, jedoch irgendwelche kategorischen Verdikte ausschließt.

2. In Ihrem Schreiben ist die Rede von einem Kriminalfall, und in den beiden oben erwähnten Zeitungsartikeln wird sogar von einem Staatsverbrechen gesprochen. Daher ist es zweckdienlich, vor allem auf die Frage einzugehen, ob die Novelle und die Erzählungen, die ich gelesen habe, Material für eine derartige Anklage enthalten. Auf diese Frage kann ich

nur mit »Nein« antworten. Daraus ergibt sich zwangsläufig eine andere Frage: Was gab den Anlaß, einen Kriminalfall aufzubauen mit derart schweren Beschuldigungen, wie sie schon jetzt, vor der Verhandlung, in der Presse veröffentlicht werden?

3. Mir scheint, dies ist vor allem aus der Natur jenes literarischen Genres zu erklären, in dem die Novelle und die Erzählungen geschrieben sind. Es ist das Genre der phantastischen Groteske, die in unserer Literatur der letzten Jahrzehnte verhältnismäßig selten geworden und daher ungewohnt ist. Bei den Lesern, die in den Traditionen realistischer Erzähltechnik und wirklichkeitsgetreuer Darstellung des Lebens erzogen sind, ruft infolgedessen die phantastische Groteske scharfe Ablehnung hervor. Nikolaj Arshak ist meiner Meinung nach (und diese ist um so mehr als objektiv anzuerkennen, da mir persönlich einige entscheidende Besonderheiten seiner Werke nicht gefallen) ein begabter und qualifizierter Unterhaltungsschriftsteller. Die Novelle »Hier spricht Moskau« ist eine grotesk-phantastische Parabel, fiktiv und absichtlich phantastisch-absurd. Die Zeit der Handlung ist in das Jahr 1960 verlegt, das schließt von vornherein den Anspruch auf Wirklichkeitsdarstellung aus. Die äußeren Züge unseres Lebens sind in Parodien karikiert. Die allgemeine Schlußfolgerung, sozusagen das Grundpathos der Novelle, ist durchaus nicht staatsfeindlich und keineswegs politisch, sondern moralisch zu verstehen. Der Sinn ist meines Erachtens folgender: Jeder Mensch ist mitverantwortlich, wird sogar schuldig, wenn ein Mitmensch angegriffen wird. Man kann über die abstrakt metaphysischen, pazifistischen und sittlichen Prinzipien dieser Novelle streiten. Man kann über manche künstlerisch oder ideologisch fragwürdigen Einzelheiten dieser satirischen Groteske diskutieren. Doch ich bin überzeugt, daß sich aus diesem absichtlich absurd-grotesken Sujet keine politischen Beschuldigungen gegen den Autor ergeben. Noch weniger darf man ihn für Gedanken und Worte seiner Personen zur Verantwortung ziehen, wie es die Verfasser der Artikel in *Iswestija* und *Literaturnaja gaseta* tun.

In der Analyse eines literarischen Werkes, noch dazu eines grotesken, ist so etwas absolut unzulässig. Indessen qualifiziert D. Jerjomin einen Passus als »provokatorischen Aufruf zum Terror«, der in Wirklichkeit einen genau entgegengesetzten Sinn hat. Die Kriegserinnerungen des Helden, die fast wie Fieberphantasien auftauchen, flößen ihm Entsetzen ein und Ekel vor jedem Mord: »Ich will niemanden mehr töten. Ich will nicht!«

Die allgemeine Weltauffassung des Helden wird an mehreren Stellen hinreichend deutlich: in seinen Erinnerungen an den Vater, einen Bürgerkriegskommissar, und vor allem in den Schlußabsätzen. Das moralische Fazit »du bist für dich selbst verantwortlich und damit für andere« verbindet sich ganz klar mit der Bekräftigung seiner Liebe zum heimatlichen Land.

Die Erzählung »Der Mann vom Minap« ist ebenfalls eine phantastische Groteske. Literarisch ist sie ziemlich schwach und banal, bietet aber nicht den geringsten Anlaß für politische und kriminelle Beschuldigungen.

4. Wie schon oben erwähnt, ergibt sich die Möglichkeit zu solchen Anklagen aus den Besonderheiten des Genres. Hegel zählte zu den Charakteristika der Groteske »Maßlosigkeit der Übertreibung«. In der ersten Ausgabe der sowjetischen Literatur-Enzyklopädie heißt es: »Von einer Groteske im eigentlichen Sinne des Wortes kann nur dort gesprochen werden, wo die Verschiebung der Ebenen und die Deformierung der Wirklichkeit den Charakter eines literarischen Verfahrens tragen, das keinesfalls die ganze Weltanschauung des Autors spiegelt« (Bd. 3, 1939, S. 24). In der zweiten Ausgabe der Literatur-Enzyklopädie wird die Groteske als eine der »Typisierungsformen (hauptsächlich der satirischen) bezeichnet, bei denen die realen Lebensverhältnisse verzerrt und durch Karikatur, Phantastik und scharfen Zusammenprall der Kontraste verfremdet« werden (Bd. 2, 1964, S. 401).

In einem unlängst veröffentlichten Buch des bedeutenden sowjetischen Literaturwissenschaftlers M. Bachtin heißt es: »In der Groteske . . . wird das, was uns verwandt, heimatlich und vertraut war, unerwartet, fremd und feindlich. Gerade *unsere* Welt verwandelt sich plötzlich in eine *fremde* (»François Rabelais' Werk und die Volkskultur in Mittelalter und Renaissance«, Moskau 1965, S. 55).

Konkrete Beispiele dieser Literaturgattung finden wir in vielen Novellen E. T. A. Hoffmanns und Edgar Allan Poes. Gogols Erzählung »Die Nase« gehört ebenso dazu wie ein bedeutender Teil der Prosa Michail Saltykow-Schtschedrins, Dostojewskijs »Doppelgänger« und »Vorfall in der Passage«, einige Erzählungen von Leskow, Remisow und anderen. In der sowjetischen Literatur verwendeten Majakowskij und Wsewolod Iwanow, Ilf und Petrow, Ehrenburg, Schwarz und andere die Mittel der satirischen und phantastischen Groteske, in der ausländischen Literatur des zwanzigsten Jahrhunderts benutzten sie Hašek, Čapek, Brecht und andere.

In den Traditionen dieser Literaturgattung wurzelt die grotesk-phantastische Prosa des Nikolaj Arshak.

5. Wie schon erwähnt, erschweren die charakteristischen Besonderheiten der Groteske ihre Rezeption durch die Leser, wecken sogar Antipathie. Das ist bei Lesern, die in anderen literarischen Traditionen erzogen wurden, ganz natürlich. Doch kann dies niemals eine Strafverfolgung aufgrund politischer Beschuldigungen rechtfertigen.

Die langjährige Erfahrung der sowjetischen Literatur bezeugt, daß politische Beschuldigungen, die in der Hitze literarischer Polemik gegen sehr verschiedenartige Autoren erhoben worden waren, sich später in der Regel als unbegründet erwiesen. Es genügt daran zu erinnern, daß selbst Werke, die heute zu unserer Klassik gehören, wie etwa die Dichtung Majakowskijs, Scholochows Roman »Der stille Don«, Leonows »Dieb«, die Romane und Feuilletons von Ilf und Petrow als »parteifeindlich«, kleinbürgerlich und sogar als »verleumderisch« galten. Die Gedichte Jessenins, die frühen Romane Ilja Ehrenburgs wurden aufgrund noch schwererer Anschuldigungen aus den Bibliotheken entfernt.

Es versteht sich von selbst, daß ich die erwähnten Bücher nicht in eine Reihe mit jenen Arbeiten stellen will, die ich hier zu beurteilen habe. Aber nichtsdestoweniger muß die historische Erfahrung auch im vorliegenden Fall berücksichtigt werden.

6. In der Geschichte unserer Literatur gibt es auch andere, dem gegebenen Fall näherliegende Beispiele: die Romane »Wir« von Jewgenij Samjatin und »Mahagoni« von Boris Pilnjak wurden Ende der zwanziger Jahre im Ausland veröffentlicht. Beide Romane beurteilte unsere Kritik damals als den Grundprinzipien der sowjetischen Ordnung feindlich gesinnt. Doch obwohl unser Land sich damals in einer unermeßlich viel schwierigeren Lage als heute befand und rings von Feinden eingekreist war, wurden beide Autoren nicht zur strafrechtlichen Verantwortung gezogen. Jewgenij Samjatin wurde 1931 auf seine Bitte die Ausreise-Erlaubnis nach England erteilt, Boris Pilnjak wurde 1938 aus anderem Anlaß verhaftet und posthum rehabilitiert.

7. Alles oben Gesagte veranlaßt mich im vollen Bewußtsein des ganzen Ausmaßes meiner Verantwortung, nur meinem Gewissen als Kommunist, sowjetischer Bürger und Schriftsteller zu gehorchen und zu erklären, daß ich, trotz aller Mängel in den von mir gelesenen Arbeiten, nicht den allergeringsten Anlaß sehe zur Strafverfolgung wegen eines kriminellen Delikts.

V Gefahren der Zensur

An das Präsidium des IV. Kongresses des Allunionsschriftstellerverbandes der UdSSR

Moskau, 23. Mai 1967

1. Der Brief Alexander Solschenizyns an den Schriftstellerkongreß erscheint mir zeitgemäß und ernster Beratung würdig. Ich halte es für notwendig, daß der Kongreß und die Schriftstellerverbandsleitung folgenden Umständen ihre Aufmerksamkeit widmen:

2. Die Tätigkeit der Zensur in den während der letzten Jahre angenommenen Ausmaßen – Einmischung der Zensoren in Thematik, Inhalt und Stil künstlerischer Arbeiten – widerspricht der Verfassung unseres Staates.

3. Die Tätigkeit der Zensur in ihren konjunkturbedingten Erscheinungen und Folgen widerspricht außerdem den Beschlüssen von drei Parteitagen.

Beispiele: Veröffentlichungssperre für die Werke von Wassilij Großman, Alexander Bek, Konstantin Simonow und E. Drjabkina: endlose Widerwärtigkeiten und willkürliche Kürzungen, denen die Publikation der Werke Michail Bulgakows, Weniamin Kawerins, Walentin Katajews, S. Maljzews und anderer unterworfen waren; Verbot beifälliger Erwähnung der Namen Solschenizyn, Oksman, Moshajew und andere. Jeder einzelne Schriftsteller kann zahlreiche weitere Beispiele anführen.

4. Die Tätigkeit der Zensur schadet – und zwar oft in irreparabler Weise – nicht nur der Literatur, indem sie

künstlerische Arbeiten verstümmelt sowie Autoren und Redakteure demoralisiert, sondern auch dem ganzen Volk, indem sie das Vertrauen zum gedruckten Wort untergräbt, Heuchelei, Opportunismus, Gleichgültigkeit gegenüber der Lüge lehrt und das staatsbürgerliche Verantwortungsbewußtsein erstickt.

5. Die derzeitige Aktivität der Zensur – das heißt, die beispiellose und gesetzwidrige Ausdehnung ihrer Rechte – stärkt den Staat nicht, sie diskreditiert ihn.

Mit administrativen Maßnahmen kann man den Anschein von Ordnung, Einmütigkeit und Disziplin schaffen. Aber nur den Anschein, und auch den nur kurzfristig.

Es ist höchste Zeit für uns, aus der historischen Erfahrung zu lernen, damit wir nicht in der Sorge um die Beseitigung der heutigen geringfügigen Schwierigkeiten den Boden für morgige, bedeutend größere, vorbereiten.

VI Ist eine Rehabilitierung Stalins möglich?

Antwort auf Fragen eines Mitarbeiters der Wiener Zeitschrift
Tagebuch *bezüglich einiger neuer Erscheinungen in der sowjetischen*
Literatur

Sie schreiben, lieber Freund, mit großer Besorgnis über einige
vor kurzem erschienene sowjetische Publikationen, die, wie
Sie sich ausdrücken, einen »äußerst unangenehmen« Ein-
druck auf Sie gemacht haben. Es handelt sich konkret um den
von Ihnen angeführten Artikel von Deborin und Telpu-
chowskij in der Zeitschrift *Woprosy istorii KPSS (Fragen der*
Geschichte der KPdSU), Nr. 9, um die in der Zeitschrift
Oktjabrj, Nr. 10, erschienenen Memoiren von Klimentij
Woroschilow, um die Romane von W. Sakrutkin und W.
Kotschetow (*Oktjabrj*, Nr. 6 und Nr. 10), um die in Buchform
erschienenen Reportagen von W. Kotschetow »Stadt in
Uniform« und um ein Poem von S. W. Smirnow, erschienen
in der Zeitschrift *Moskwa*, Nr. 10.
In all diesen Publikationen, so verschieden sie in Thema und
literarischer Gattung sind, glauben Sie, den Ausdruck ein
und derselben, sehr hartnäckigen Tendenz zu erkennen:
nämlich den Wunsch nach einer Rehabilitierung Stalins. Es
ist ganz natürlich, daß Sie nicht nur betrübt, sondern auch
ernsthaft besorgt darüber sind, daß nach alldem, was in den
letzten vierzehn Jahren bekanntgeworden ist und in Widerspruch zu zahlreichen Dokumenten und Erlebnissen von
Millionen von Menschen, sich heute Publizisten und Schriftsteller finden, die die Beschlüsse des XX., XXII. und XXIII.
Parteitages aus eigenem Gutdünken umgehen möchten und

sich für berechtigt halten, zu behaupten, daß Stalin zwar »einige Fehler« begangen habe, seine Tätigkeit aber im großen und ganzen dennoch fortschrittlich für unser Land und für die internationale Arbeiterbewegung nützlich gewesen sei.

Sie wollen wissen, was ich dazu meine. Ich will versuchen, Ihre Fragen möglichst genau und knapp zu beantworten. Ich glaube, daß Sie recht haben, wenn Sie diese Äußerungen unbelehrbarer »Priester des Stalinkults« mit aller Schärfe verurteilen. Doch glaube ich, daß deren Bemühungen vergeblich bleiben und Ihre Befürchtungen sich als übertrieben erweisen werden. Warum ich das glaube? Auf Grund folgender Erwägungen:

Die Verteidiger Stalins berufen sich auf die objektive historische Wahrheit. War es nicht Stalin, der die Partei und den Staat in den Jahren der Industrialisierung, des Vaterländischen Krieges, in den Jahren der unzweifelhaften Erfolge und Siege geführt hat? Sie berufen sich auf die historische Objektivität und zitieren den so gewichtigen subjektiven Faktor der Erziehung neuer Generationen im Geiste des sozialistischen Patriotismus und der Achtung der revolutionären Tradition; sie halten sich für verpflichtet zu behaupten, daß Stalin ein hervorragender Staatsmann gewesen sei, daß seine Tätigkeit dem Sozialismus und unserer Heimat zum Nutzen gereicht habe usw.

Konfrontiert man allerdings diese Restaurationsversuche mit allen inzwischen bekanntgewordenen Tatsachen, gemäß den Grundsätzen der marxistischen Geschichtswissenschaft, berücksichtigt man die wahre – und nicht die imaginäre – Einwirkung auf das geistige und sittliche Bewußtsein unserer Jugend, dann muß man deutlich erkennen, daß derartige Bestrebungen nur Folgen haben können, die den Intentionen auch der wohlmeinendsten Restauratoren diametral entgegengesetzt sind.

Die Entstehung und Entwicklung des berüchtigten Kults in den dreißiger und vierziger Jahren hatte viele objektive und subjektive Voraussetzungen.

1. Millionen Menschen waren überzeugt, daß unser Land eine einsame, von Todfeinden belagerte Festung sei; daher hielten sie eine maximale Zentralisierung, gepaart mit eiserner Disziplin, für notwendig und berechtigt.

2. Die Folgen des industriellen und kulturellen Aufbaus zeichneten sich auf dem Hintergrund der Weltwirtschaftskrise und des erstarkenden Faschismus besonders deutlich ab und dienten jenen als Argument, die behaupteten, alle Nöte und Entbehrungen seien nur zufällige Mängel oder die Folge von Sabotage, alle Errungenschaften hingegen das Ergebnis der genialen Führung durch die »Koryphäe aller Wissenschaften«.

3. Das allgemeine Vertrauen zur Presse und zum Staatsapparat – vor allem aber auch zum Staatssicherheitsdienst, zur Staatsanwaltschaft und zu den Gerichten – war so groß, daß die meisten Menschen ihre eigene Erfahrung und ihre eigenen Zweifel selbst dann zurückdrängten, als Helden und Führer von gestern über Nacht zu Verrätern, Spionen, Feinden des Volkes deklariert wurden, als die Geschichte hemmungslos umgekrempelt wurde, als Stalin Heldentaten zugesprochen wurden, die er niemals begangen hatte, und seinen Gegnern Verbrechen, deren sie nicht schuldig waren.

4. Das blinde Vertrauen wurde untermauert durch die Massenverfolgungen, die in den einen Angst und Furcht hervorriefen, und in den andern den Glauben bestärkten, daß die hinterlistigen Feinde allgegenwärtig seien, und folglich jedes Schwanken, jeder Zweifel an der Richtigkeit Stalinscher Worte und Taten, ja sogar eine zu milde Abrechnung mit Schwankenden und Zweifelnden, eine direkte Unterstützung des Feindes bedeute.

5. Während des Krieges und nach dem Krieg erfuhren alle diese objektiven und subjektiven Voraussetzungen eine – sagen wir – natürliche wie auch künstlich geschaffene Bestätigung. Nehmen Sie mich als Beispiel. Ich gehöre zu jenen, die gerade während des Krieges Stalin lieben lernten, und zwar mit aufrichtiger Liebe. Er war das Haupt unseres Staates, unserer Armee. In ihm verkörperte sich unser Glaube an die

eigene Kraft, unsere Hoffnung auf den Sieg, unsere Liebe zu allem, wofür wir kämpften und zu sterben bereit waren. Wir schrieben ihm alle Vorzüge zu, die wir an unseren Besten sahen. Wir glaubten dem Mythos vom großen, vom allwissenden Führer, denn wir wünschten uns einen solchen Führer. Wir hatten uns selbst – manche bewußt, manche unbewußt – diesen Mythos geschaffen und waren überzeugt von seiner Realität oder Beinahe-Realität und mehr noch davon, daß er eine absolute historische Notwendigkeit sei, denn wir glaubten, daß der Sieg ohne uneingeschränkte Autorität und uneingeschränkten Glauben unmöglich zu erringen wäre.

Es bedurfte vieler Jahre und zweier Parteitage, es bedurfte auch jener Distanz, die allein es gestattete, unsere historische Erfahrung, die nach 1953 ans Licht getretenen neuen Tatsachen, die neuen Erkenntnisse der Vergangenheit und der Gegenwart wirklich zu überblicken, ehe wir endgültig begriffen, welch widerlichen »nackten Kaiser« wir mit unserem blinden Glauben, mit unserem Fanatismus bekleidet hatten und wie teuer dies alles unserem Lande und der internationalen Arbeiterbewegung zu stehen kam.

Vor zwanzig, ja sogar noch vor zehn Jahren konnte man in Unkenntnis der Tatsachen oder aber in dem Bestreben, sich selbst mit dialektischen Sophismen zu trösten, gleichzeitig für den Sozialismus und für Stalin auftreten, konnte man ganz aufrichtig das Wohl des Sowjetlandes wünschen und an die Weisheit der Stalinschen Politik glauben.

Heute ist dies nicht mehr möglich.

Nach allem, was in den vergangenen Jahren nach dem XX. und XXII. Parteitag bekanntwurde, nach der Veröffentlichung bis dahin geheimgehaltener Leninscher Dokumente, nach der Publikation von Zeugenaussagen vieler hundert alter Kommunisten ist die Mythologie des Stalinkults ein für allemal zerstört.

1. Es ist heute allgemein bekannt und eindeutig erwiesen, daß die tyrannische und unsachgemäße Einmischung Stalins in die Leitung der Landwirtschaft während der Jahre 1929 bis 1933 wie auch in der Nachkriegszeit zu ausgedehnten

Hungersnöten und zur Zerstörung der wirtschaftlichen Grundlagen nicht nur der Einzelbauernwirtschaften, sondern auch der genossenschaftlichen Kollektivwirtschaften geführt hat.

2. Es ist allgemein bekannt und erwiesen, daß mit Stalins Wissen, ja auf sein Geheiß, in den Jahren 1935 bis 1940 viele hunderttausend Menschen, darunter die überwiegende Mehrzahl der führenden Offiziere und Generäle der Roten Armee, die Mehrzahl der erfahrenen und gebildeten Leiter der Industrie, verhaftet, verschickt, ermordet, zu Tode gequält wurden. In diesen Jahren wurden in den Stalinschen Gefängnissen und Lagern mehr Kommunisten gefangengehalten als in allen kapitalistischen und faschistischen Ländern zusammengenommen. Unter diesen als Volksfeinden Erschossenen und Verurteilten befand sich die überwiegende Mehrheit der Delegierten des unmittelbar vorangegangenen XVII. Parteitags von 1934 und des von ihm gewählten Zentralkomitees, aber auch die überwiegende Mehrheit der Mitglieder und Funktionäre aller Regierungen der Unionsrepubliken, aller Gebiets- und Bezirksparteikomitees.

3. Es ist heute allgemein bekannt und erwiesen, daß Stalin versuchte, den Nichtangriffspakt mit Deutschland von 1939 bis 1941 in einen Freundschaftspakt zu verwandeln, daß er in offiziellen Dokumenten und Reden die Gegner Hitlers als imperialistische Aggressoren bezeichnete und de facto jede antifaschistische Propaganda untersagte.

4. Es ist heute allgemein bekannt und erwiesen, daß Stalin, der pathologisch mißtrauisch war, der seinen treuesten und ältesten Freunden und Kampfgenossen (zum Beispiel Jenukidse[62], Ordshonikidse[63], Postyschew[64], Tuchatschewskij[65] und anderen) mißtraute, aus unerforschlichem Grund voll naiven Vertrauens an die Freundschaft eines Hitler glaubte. Er vertraute ihm so sehr, daß er zahlreiche Warnungen in den Wind schlug, die über verschiedene Kanäle zu ihm gelangten, daß er alle diesbezüglichen Agentenmeldungen ignorierte und damit unsere Armee zu schwersten Niederlagen verurteilte, das ganze Land aber zu furchtbaren Verlusten und Opfern.

5. Es ist heute allgemein bekannt und erwiesen, daß nach dem Krieg mit Wissen und auf Geheiß Stalins abermals Millionen Menschen härtesten Repressalien ausgesetzt wurden. Ganze Völkerschaften – die Wolgadeutschen, Kalmükken, Tschetschenen, Balkarier, Inguschen, Karatschaier, die Krimtataren – wurden ihrer Heimat beraubt, als Völker in die Verbannung geschickt. Die überwiegende Mehrzahl der ehemaligen sowjetischen Kriegsgefangenen, auch der ehemaligen Häftlinge aus faschistischen Konzentrationslagern, wurden als »Hochverräter« abgeurteilt, ihr tragisches Schicksal ist in der Gestalt des Iwan Denissowitsch in Solschenizyns Novelle verkörpert.

6. Es ist heute allgemein bekannt und erwiesen, daß es Stalin war, der die verleumderische Hetze gegen Jugoslawien inspirierte und die Methoden des Berija-Terrors, der Lüge und der Provokationen nach Polen, Bulgarien, Ungarn, Rumänien und in die Tschechoslowakei zu verpflanzen trachtete.

Darum ist heute eine Entschuldigung Stalins gleichbedeutend mit einer Diffamierung des Sozialismus. Stalin verteidigen, das können heute nur mehr unglaublich dumme Naivlinge aus der Zahl der in Würde ergrauten oder pensionierten Bürokraten, die Überlegungen von der Art anstellen wie jene anekdotische Gestalt von Dostojewskij: »... wenn es keinen Gott gibt, was bin ich dann für ein Hauptmann«. Oder aber völlig gewissenlose, zynische Verfechter des jesuitischen Prinzips: »Der Zweck heiligt jedes Mittel«, Leute, die nicht imstande sind, zu begreifen, daß die Stalinschen »Mittel« in sich schon eine Negation jenes Zweckes bergen, welcher zu ihrer Rechtfertigung herangezogen werden soll.

Heute den Versuch zur Rehabilitierung Stalins zu unternehmen, so zu tun, als hätte es keinen XX. und keinen XXII. Parteitag gegeben, als wären die entlarvenden Dokumente unbekannt, heute die Märchen über seine Tugenden und die Lügen über seine Treue zu Lenin[66] zu verbreiten (wie es Sakrutkin und Kotschetow tun), bedeutet nichts anderes, als die Feinde des Kommunismus mit propagandistischen Waffen zu versorgen, ihnen ideologisch in die Hand zu spielen, als in der Jugend Zynismus, Heuchelei oder staatsbürgerliche Indifferenz zu züchten, einen verachtungsvollen Unglauben an eben jene Ideen, welchen die Restauratoren in Worten die Treue schwören.

Daraus ergibt sich, daß solche Artikel, Memoiren, Gedichte, daß diese Literatur, ganz unabhängig von den subjektiven Absichten ihrer Autoren, objektiv unserem Lande und unserer Partei schadet, ihre Gegner stärkt und ihre Freunde entwaffnet und abstößt.

Die Erfahrung der Geschichte zeigt, daß eine ideologische Zensur den gesunden Kräften der kulturellen und literarischen Entwicklung nur Schaden bringt, ebensolchen Schaden wie jedwede administrative Verfolgung literarischer oder wissenschaftlicher Werke. Daher bin ich überzeugt, daß es nicht zulässig wäre, das Verbot oder die Vernichtung der obengenannten oder ähnlicher Werke zu fordern, ihre Autoren irgendwelchen Bestrafungen oder Beschränkungen auszusetzen: damit würde man gegen die späten Erben des Stalin-Kults ihre eigenen Methoden anwenden – denselben Stalinismus unter anderem Namen.

Erforderlich ist etwas anderes. Eine objektive, kritische Untersuchung solcher restaurativer Tendenzen in der Literatur, die sowohl bei uns als auch in der Presse der kommunistischen Bruderparteien unternommen werden müßte, würde den Schaden, den diese Werke anrichten, wesentlich mindern und könnte auf diese Weise einer Verbreitung ähnlicher Intentionen vorbeugen. Die Verfechter und Restauratoren des Stalin-Kults fürchten nichts ärger als eben die freie Meinungsäußerung, das Publikmachen, die konkrete historische Wahrheit und die kompetente marxistische Kritik.

Wir dürfen weder Deborin noch Kotschetow und ihresgleichen daran hindern, alles zu schreiben und zu veröffentlichen, woran sie Freude haben. Man darf aber auch diejenigen nicht behindern, die sie kritisieren wollen. Dies ist der einzige Weg, der zunehmenden Aktivität der Stalinschen Restauratoren Schranken zu setzen. Diese Schranken aber müssen gesetzt werden. Die Abwehr ist notwendig für unser Land, für alle seine Freunde, für die Sache des Sozialismus in der ganzen Welt.

Moskau, November/Dezember 1967

VII Staatssicherheit, Ideologie und Kultur

An das Sekretariat des Zentralkomitees der KPdSU
Kopie an das Präsidium des Obersten Sowjets der UdSSR, den
Generalstaatsanwalt der UdSSR, das Präsidium des Obersten
Gerichtshofes der UdSSR, das Präsidium des Obersten Gerichtshofes
der RSFSR, die Rechtsanwälte B. Solotuchin und D. Kaminskaja

Für alles, was im Namen des sowjetischen Staates geschieht, trägt jeder Bürger und mehr noch jedes Mitglied der Kommunistischen Partei Verantwortung. Im Bewußtsein dieser Verantwortung halte ich es für meine Pflicht als Staatsbürger und Parteimitglied, Ihnen zu schreiben. Obwohl alle meine früheren derartigen Appelle unbeantwortet blieben, kann ich nicht anders handeln.

1. Der Prozeß in Sachen Galanskow[67], Ginsburg, Dobrowolskij[68] und Laschkowa[69] bedeutet einen neuen Prestigeverlust für unseren Staat. Er ist für uns zu einer neuen Niederlage in jenem ideologischen Kampf geworden, der in der ganzen Welt und in unserem Lande stattfindet.

2. Dieser Prozeß bezeugt, daß seine Veranstalter nichts aus der politischen Erfahrung der Prozesse gegen Brodskij, Sinjawskij, Daniel, Chaustow, Bukowskij und andere gelernt haben. Wieder haben sich Untersuchungsrichter, Staatsanwälte und Richter gefunden, die unseren Feinden Argumente liefern und in den Reihen unserer Bundesgenossen und Freunde Unsicherheit, Enttäuschung und Empörung hervorrufen.

3. Dieser Prozeß bestätigt erneut die Lehre der Geschichte: Jedesmal, wenn man beginnt, den ideologischen Kampf und

die politisch-erzieherische Arbeit mit administrativ-repressiven Mitteln zu »verstärken«, jedesmal wenn die Staatssicherheitsbehörden, die Staatsanwaltschaft und die Gerichte beginnen, sich in das kulturelle Leben einzumischen, um »ideologische Diversion zu entlarven«, bringt uns dies unermeßlichen Schaden für unsere Kultur, unser internationales Prestige und im Endergebnis für die staatliche Sicherheit selbst.

a) In den Jahren 1935 bis 1940 wurden unter der Anklage, ideologische Verbrechen begangen zu haben, Hunderttausende von Sowjetbürgern verhaftet; unter ihnen waren zahlreiche Gelehrte, Schriftsteller und Künstler, deren Tod oder langjährige Haft unser Kulturleben ärmer machten und unsere Wissenschaft schwächten.

b) Gerade in diesen Jahren war die faschistische Spionage äußerst wirkungsvoll tätig; davon mußten wir uns überzeugen, als der Krieg begann. Den wirklichen Spionen war die hysterische Spionenfurcht, die Jagd auf angebliche Volksfeinde nur nützlich gewesen, diese panische, alles umfassende und eben deshalb selbstmörderische Willkür, die im Volksmund Jeshowschtschina[70] bzw. Berija-Terror genannt wird, genauer aber mit Stalin-Ära zu bezeichnen ist.

c) Die Vorbereitung jener Prozesse, die Verfolgung begabter junger Schriftsteller und mehr zufällig schriftstellernder Frechdachse, unruhiger Studenten, Schüler, »Smogisten«[71], psychisch labiler Menschen usw. wurden Selbstzweck »ideologischer Unterdrückung« und schwächten gleichzeitig die Energie, die notwendig gewesen wäre, rechtzeitig wirklichen Schaden, wie er durch Subjekte wie Penkowskij und Runge[72] entsteht, abzuwenden.

4. Die Begriffe Gerechtigkeit und Menschlichkeit werden bei uns leider immer noch abstrakt und relativ aufgefaßt; der Begriff »Leninsche Prinzipien« wird häufig nur als Lippenbekenntnis angewandt, so daß er für viele Menschen geradezu zur rhetorischen Abstraktion geworden ist; ich wende mich deshalb allein an den politischen gesunden Menschenver-

stand, an die nüchterne Erkenntnis der wirklichen Interessen von Partei und Staat, von denen man in allererster Linie auszugehen hat.

a) Es ist unbedingt notwendig, die Gerichtsurteile zu überprüfen, die uns schadeten und weiterhin schaden.

b) Es ist unbedingt notwendig, die Staatsanwälte, Untersuchungsbeamten und Richter zu entlassen, die für diese Prozesse verantwortlich sind.

c) Es ist unbedingt notwendig, die Öffentlichkeit über die Umstände zu informieren, die diese Prozesse ermöglichten, und dabei die Perspektiven der Anklage wie der Verteidigung im einzelnen zu erhellen. Jener Teil unserer Öffentlichkeit, der durch die vorangegangene Information seitens der Zeitungen und der Propagandisten zweifellos desorientiert worden ist, muß aufgeklärt werden, warum Repressionen – als Mittel des ideologischen Kampfes und der Erziehung verwendet – nur schaden.

d) Es ist unbedingt notwendig, die Behörden zum Schutz der gesellschaftlichen Ordnung und Staatssicherheit ebenso wie die Staatsanwaltschaft und die Gerichte von der Einmischung in den ideologischen Kampf und das kulturelle Leben fernzuhalten. Es gibt eine Reihe von Partei-, Gesellschafts-, Wissenschaftler- und Künstlerorganisationen sowie zahlreiche starke Kader qualifizierter Propagandisten, Wissenschaftler, Schriftsteller, Journalisten, die im einundfünfzigsten Jahr des Bestehens unseres Staates die ideengebundene Polemik und die politisch-erzieherische Arbeit führen können und sollen, ohne zu den »Argumenten« von Gefängnis und Lager zu greifen.

e) Es ist schließlich unbedingt notwendig, zu begreifen, daß alle, die auf derartigen Prozessen und Verurteilungen sowie allgemein auf administrativen Repressionen in entsprechenden Fällen bestehen, damit nur den Staat diskreditieren, ihn für unfähig erklären, wenn sie behaupten, daß zu seiner Verteidigung Willkür erforderlich sei.

Februar 1968

VIII   Protest gegen einen Stalinisten

Diskussionsbeitrag auf der Sitzung der Prosa-Sektion der Moskauer Organisation des Schriftstellerverbandes anläßlich der Wahlen des Büros der Sektion

13. März 1968

Ich bin gegen Gorbatschow. Ich sehe diesen Mann heute zum ersten Mal, halte es aber für unerläßlich – gegen ihn zu stimmen.

Er sprach hier im Namen des Redaktionskollektivs der Zeitschrift *Moskwa* und verteidigte uneingeschränkt das in dieser Zeitschrift veröffentlichte Poem von Sergej Smirnow und die Skizze von Tschiwilichin. Das Poem, die Skizze und die gesamte Rede Gorbatschows vertreten eine ganz bestimmte politische Linie: nämlich die, den Stalin-Kult zu restaurieren. Diese Linie widerspricht den Beschlüssen von zwei Parteitagen, dem XX. und XXII., die auf dem XXIII. Parteitag bestätigt wurden. Gorbatschow und jene, die er verteidigte, versuchen, Stalin zu rehabilitieren. Das ist absolut kein historisches, sondern ein brennend aktuelles Problem. Wer heute Stalin verteidigt, verleumdet den Sozialismus. Wer heute allen allgemein bekannten Tatsachen zum Trotz versucht, Stalin zu rehabilitieren, unterstützt die schlimmsten Feinde unseres Landes, hilft den Maoisten, den unmittelbaren Erben des Stalinismus, hilft den westdeutschen Revanchisten, die unter Berufung auf Stalinsche Verlautbarungen und auf seine politischen Praktiken, Hitler zu rehabilitieren suchen. Ich bin unumstößlich überzeugt, daß ein Mensch, der absichtlich oder unabsichtlich die Rehabilitierung Stalins betreibt, nicht an der Leitung unseres Verbandes beteiligt werden darf. Darum werde ich gegen Gorbatschow stimmen, und ich rufe dazu auf, ebenso wie ich zu verfahren.

Anmerkung des Autors:
Trotz entsprechender Aufforderung durch den Vorsitzenden meldete sich niemand zur Entgegnung zu Wort. In offener Abstimmung wurde Gorbatschows Kandidatur von der Mehrheit abgelehnt.

IX   Aneinander vorbei . . .

Gespräch mit Jurij N. Wertschenko[73] im Moskauer Stadtkomitee der KPdSU am 18. März 1968, 15 Uhr

Wertschenko: Guten Tag. Bisher haben wir uns leider nicht persönlich kennengelernt, obwohl wir ja in Verlagsangelegenheiten miteinander zu tun hatten.

Kopelew: Ich habe Ihnen für die Veröffentlichung meines »Brecht« zu danken.

Wertschenko: Immerhin, das Buch wurde ja ziemlich kritisiert.

Kopelew: Allerdings. Da war dieser unflätige Artikel von Dymschitz. Aber es gab auch andere Stimmen.

Wertschenko: Ja, gewiß, Dymschitz' Artikel war tatsächlich ein bißchen zu . . . Aber er enthält auch ein paar Körnchen Wahrheit. Heute habe ich Sie in einer anderen Angelegenheit hergebeten, einer leider bedeutend weniger angenehmen – sowohl für Sie wie für uns. Ich will mit Ihnen über Ihre Briefe und Reden sprechen. Sie haben doch Briefe geschrieben, nicht wahr?

Kopelew: Was für Briefe meinen Sie?

Wertschenko: Briefe, die den letzten Prozeß betreffen: an das Sekretariat des ZK, an das Oberste Gericht und sogar an die Rechtsanwälte. Später haben Sie dann noch einen kollektiven Brief mitunterzeichnet; eine Adresse, offenbar an das Oberste Gericht, in der behauptet wird, bei dem Prozeß sei das Gesetz verletzt worden. Ferner publizierten Sie im *Tagebuch*, gaben ein Interview, und schließlich traten Sie vor ein paar Tagen, am Freitag, im Schriftstellerverband auf. Ich muß Ihnen sagen, daß die Ansichten, die Sie in diesen Briefen und in dieser Rede im Schriftstellerverband ausgesprochen haben – nämlich, daß eine Restaurierung Stalins im Gange sei, daß der Prozeß ungesetzlich gewesen sei, und ferner Ihre Einschätzung unserer Geschichte –, der Linie unserer Partei widersprechen. Damit unterstützen Sie objektiv – bewußt oder unbewußt – die Feinde unseres Landes und unserer Partei. Es ist mir sehr unangenehm, Ihnen dies zu sagen. Aber es ist so.

Kopelew: Ich kann Ihnen nicht zustimmen. Für mich wird die Linie der Partei durch Programme festgelegt, durch die Beschlüsse der Parteitage und entsprechende Dokumente. In den Briefen, von denen Sie sprechen, in der Antwort auf Fragen der Zeitschrift *Tagebuch* und in meinem Protest gegen Gorbatschow auf der Wahlversammlung im Schriftstellerverband verteidigte ich ja gerade die Parteilinie, verteidigte sie gegen offene Versuche, den Stalinismus zu restaurieren, oder, wie wir dies gewöhnlich nennen, den »Personenkult«. Derartige Versuche werden in letzter Zeit immer häufiger unternommen. So auch unter dem Vorwand des Jubiläumsjahres[74] in den auflagenstarken Zeitschriften *Oktjabrj, Moskwa* und *Ogonjok*, manchmal auch in Tageszeitungen. Aber das brauche ich gar nicht erst aufzuzählen, Sie wissen es selbst sehr genau. Und diese Versuche stehen in unmittelbarer Beziehung zu den Prozessen. Die Beschlüsse des XX. und XXII. Parteitages und ihre Bestätigung auf dem XXIII. Parteitag verlangen dagegen die Wiederherstellung der Leninschen Normen im Partei- und Staatsleben, sie verlangen die Wiederherstellung der Gesetzlichkeit und Kampf gegen den Personenkult und seine Folgen. Dieser Prozeß aber, genau wie der gegen Sinjawskij und Daniel, verletzt aufs gröbste unsere Gesetzlichkeit, und öffentliche Äußerungen wie die von Smirnow, Tschiwilichin, Gorbatschow sind unmittelbar auf die Rehabilitierung Stalins gerichtet.

Wertschenko: Nein, so ist das nicht. Das stimmt nicht. Ich war selber beim Prozeß anwesend. Dort wurde alles exakt bewiesen. Unser Staat kann nicht dulden, daß feindliche Kräfte ihn ungehindert bekämpfen, daß sie antisowjetische

Literatur verbreiten, daß sie Verbindungen mit ausländischen antisowjetischen Organisationen[75] unterhalten.

Kopelew: Aber weder Galanskow noch Ginsburg haben irgend etwas dergleichen getan. Sie sind dessen nicht einmal beschuldigt worden. Ginsburg hat Material in der Sache Sinjawskij und Daniel gesammelt, und er schickte dieses Material an unsere Organisation, den Schriftstellerverband.

Wertschenko: Nein, sie wurden angeklagt und überführt . . . sie gehören zu ein und derselben Bande. Ich war bei der Verhandlung, Sie nicht. Woher wollen Sie das alles wissen?

Kopelew: Das, wovon ich spreche, habe ich aus verschiedenen Quellen. Aber Sie sind offenbar – verzeihen Sie – durch die Atmosphäre des Prozesses desorientiert. Kann man denn im Ernst von der Gefährlichkeit einer Organisation sprechen, die ihre Agenten zur Kontaktaufnahme herschickt, nachdem diejenigen, mit denen sie Kontakt aufnehmen sollen, bereits zehn Monate in Haft sind? Über diese Komödie schrieb die ganze Welt. Das war eine sehr plumpe Provokation.

Wertschenko: Ob gefährlich oder ungefährlich – jedenfalls ist es eine feindliche Organisation. Sie besteht im Ausland, sie führt einen Kampf gegen unser Land. Ich war bei der Verhandlung. Ich habe dieses überaus widerwärtige Subjekt gesehen.

Kopelew: Mag es widerwärtig sein, vielleicht auch überaus widerwärtig. Aber das ist keine strafrechtlich zur Verantwortung zu ziehende Eigenschaft. Mir und nicht nur mir, auch Ihnen ist genau bekannt, daß weder Galanskow noch Ginsburg irgendeine Beziehung zu dieser Organisation hatten. Ich sehe jedoch, daß wir einander nicht überzeugen können.

Wertschenko: Allerdings, Sie können mich nicht überzeugen. Aber kehren wir zur Hauptsache zurück: Sie behaupten in Ihren Briefen und Reden, daß eine Restaurierung des Stalinismus im Gange sei. Sie versuchen, eine Brücke zu schlagen von den Verletzungen der Gesetzlichkeit und den ungerechten Repressionen, die es in der Zeit des Personenkults gegeben hat, zu unserem heutigen Leben. Sie werfen unseren Zeitschriften und Schriftstellern, den Parteizeitschriften und Parteischriftstellern vor, sich über die Beschlüsse der Parteitage hinwegzusetzen. Aber das ist nicht der Fall. Das ist absolut nicht der Fall. Ganz im Gegenteil. In Wirklichkeit sind Sie es, der die Beschlüsse der Parteitage verletzt. Es gab eine Resolution des Zentralkomitees über den Personenkult und seine Folgen, unmittelbar nach dem XX. Parteitag. In dieser Resolution wird angeordnet, daß alle Seiten der Tätigkeit Stalins objektiv untersucht werden müssen. Schließlich haben in jenen Jahren unser Land und unser Staat gewaltige Aufbauleistungen zu verzeichnen, wir haben an den Fronten des Großen Vaterländischen Krieges gesiegt. Das werden Sie wohl kaum abstreiten wollen.

Kopelew: Nein. Ich bin selbstverständlich für objektive Prüfung, für objektive Beurteilung. Aber schauen Sie, in Ihrem Verlag erschien ein Buch über Bela Khun[76]. In diesem Buch fehlt der Schluß, und zwar das Kapitel darüber, wie Bela Khun ums Leben kam. In Ungarn und in anderen Ländern dagegen wurde dieses Buch vollständig publiziert. Derartige Manipulationen nützen tatsächlich der feindlichen Propaganda. In den Zeitschriften, von denen ich sprach, werden Stalins Verbrechen bagatellisiert. Und nicht nur in diesen Zeitschriften. Im vergangenen Jahr haben alle Zeitungsartikel, die den Jubiläen von hohen Parteifunktionären und bedeutenden Wissenschaftlern gewidmet waren, es einfach verschwiegen, wenn diese Männer unter Stalin umgebracht worden waren. Nein, nicht ich schlage Brücken von der Vergangenheit zur Gegenwart. Das tun solche Richter, die versuchen, die Vergangenheit auferstehen zu lassen, und solche Literaten, die so schreiben, als habe es keinen XX. und keinen XXII. Parteitag gegeben.

Wertschenko: Sie wollen also beweisen, daß es bei uns in der Vergangenheit überhaupt keine Errungenschaften gegeben hätte, daß unser Volk keine große Aufbauleistung vollbracht, daß es im Großen Vaterländischen Krieg nicht gesiegt hätte?

Kopelew: Es hat große Leistungen und große Siege gegeben. Aber nicht dank, sondern trotz Stalin. Wie unser Volk 200 Jahre lang trotz des Tatarenjochs lebte und seinen Staat aufbaute, wie es dann weitere 200 Jahre trotz der Leibeigenschaft lebte, so lebte, baute und siegte es 25 Jahre trotz der Stalinherrschaft. Als Person war Stalin der grausamste, heimtückischste und verderblichste Tyrann in der gesamten Geschichte unseres Landes.

Wertschenko: Diesem Vergleich kann ich nicht zustimmen. Sie beziehen sich auf die Parteitage. Nun gut, ich bin genügend mit der Geschichte unserer Partei vertraut. Ich hoffe, auch Sie kennen Lenins Aufsatz über Parteiorganisation und Parteiliteratur. Jeder Literat hat seine eigene Meinung und kann sie äußern. Aber die Partei kann sich solcher Literaten entledigen, die die Parteiprogramme nicht vertreten und in ihren Verlautbarungen der Parteilinie widersprechen.

Kopelew: Mich betrifft dies nicht. Was ich schrieb und sagte, das schrieb und sagte ich als Kommunist, nicht in Ausübung meines literarischen Berufes. Ich habe zur Zeit eine große Arbeit über Goethe zu schreiben. Und all diese öffentlichen Auftritte sind meiner Hauptarbeit sehr hinderlich. So hat man mir zum Beispiel jetzt eine Reisegenehmigung in die DDR nach Weimar verweigert, obwohl ich unbedingt dorthin muß. Für meine Arbeit, die den Hauptsinn meines Lebens ausmacht, ist die Reise dringend notwendig. Man ließ mich nicht fahren, natürlich wegen dieser Briefe. Und von dem heutigen Gespräch mit Ihnen erwarte ich für mich auch nichts Gutes. Es ist aber meine Plicht als Kommunist, gegen jede Ungesetzlichkeit, gegen jeden Versuch einer Restaurierung der Stalin-Ära das Wort zu ergreifen. Verstehen Sie mich recht: es macht mir nicht das geringste Vergnügen, für mich persönlich entstehen nur Schwierigkeiten daraus. Aber es ist nun mal eine objektive und subjektive Notwendigkeit. Objektiv, weil ich weiß, welchen Schaden dies alles unserer Partei, unserem Lande bringt. Und was die Prozesse angeht: schon 1965 schrieb ich nach einer Parteiversammlung, auf der Kunizyn sprach, an das ZK, daß eine gerichtliche Strafverfolgung Sinjawskijs nichts außer Schaden bringen kann. Und damit habe ich recht behalten. Urteilen wir doch mal vom

Standpunkt des gesunden Menschenverstands und der wirklichen Partei- und Staatsinteressen, unabhängig davon, wie die Qualität der Bücher Sinjawskijs und Daniels einzuschätzen ist. Sie halten die Bücher für schädlich, für antisowjetisch. Ich nicht. Aber auch wenn ich mit Ihnen übereinstimmte, bleibt es eine Tatsache, daß ihre Schädlichkeit durch den Prozeß sich um das Hundertfache, ja Tausendfache verschlimmerte. In den deutschsprachigen Ländern gab es zum Beispiel vor dem Prozeß keine einzige Buchausgabe von Sinjawskij und Daniel, bis 1966 hatten nur Zeitschriften wie *Der Monat* Arbeiten veröffentlicht, die einige westdeutsche Kritiker sogar zur Literatur des sozialistischen Realismus zählten. Aber nach dem Prozeß erschienen gleich in mehreren Verlagen die Bücher in hohen Auflagen. Und jetzt, nach dem Prozeß, arbeiten sie wirklich gegen uns. Aber wen trifft die Schuld daran?

Wertschenko: Na, was denn! Die Feinde nutzen immer jede beliebige sich bietende Gelegenheit in unserem Lande aus; sie nutzen die komplizierten, schwierigen Bedingungen aus, die wir durchleben. Die Feinde greifen nach allem und jedem.

Kopelew: Und kein Feind hat uns soviel geschadet, wie wir uns selbst schaden. Mit diesen Prozessen spielen wir ein ideologisches »Poddawki«[77]. Wir liefern den Feinden Argumente und stoßen die Freunde von uns, wir rufen Proteste hervor bei den englischen, französischen, italienischen Kommunisten.

Wertschenko: Sie sind desorientiert. Man hat sie falsch informiert.

Kopelew: Entschuldigen Sie, aber ich glaube, Sie wissen selbst, daß die ausländischen Kommunisten besser und vollständiger informiert sind als die Leser unserer Zeitungen. Unsere Freunde lesen ja die Bücher, von denen die Rede ist. Sollte es möglich sein, daß so viele von ihnen, so viele ausländische Kommunisten, sture Dummköpfe sind, die nicht begreifen, was für die Sache des Sozialismus schädlich ist?

Wertschenko: Nein, wieso denn Dummköpfe? Um politische

Fehler zu begehen, braucht man durchaus nicht dumm zu sein. Ich kenne ja auch Sie als einen durchaus nicht dummen Menschen, Sie sind sogar Doktor der Kunstwissenschaft . . .

Kopelew: Ich bin nur Kandidat[78].

Wertschenko: Na, da sehen Sie's ja, ich habe Sie sogar für einen Doktor gehalten.

Kopelew: Lassen Sie mich bitte fortfahren. Außer der objektiven Notwendigkeit, die mich zwingt, so zu schreiben und so zu sprechen, weil ich es für meine Pflicht als Parteimitglied halte, gibt es die subjektive Notwendigkeit. Ich bin seit 1957 Parteimitglied, Parteikandidat wurde ich 1942 an der Front. Während all dieser Jahre war ich Stalinist. Auch vorher schon. Ich beteiligte mich aktiv an allem, was in unserem Lande vorging. Auch ich habe mich an der Schaffung des Personenkults beteiligt, habe diesem Kult gedient. Ich schrieb und rief: »Für die Heimat, für Stalin!«

Von dieser, meiner persönlichen Verantwortung kann mich niemand freisprechen. Nach dem XXII. Parteitag sagte Michalkow[79] auf der Parteiversammlung unseres Verbandes, er betrachte sich nicht als mitschuldig am Personenkult. Damals trat ich gegen ihn auf und bekannte meine Mitschuld. Denn ich bin mitschuldig, obwohl ich 10 Jahre in Stalins Gefängnissen und Lagern verbracht habe. Auch dort blieb ich ja Stalinist. Und ich bekenne rundweg: der XX. Parteitag war für mich ein Schock. Ich gelangte durchaus nicht sofort zu jenen Gedanken, wie ich sie jetzt äußere. Ich habe sehr viel nachgedacht, gelesen, Dokumente und Stenogramme des Parteitages studiert, fast alle Arbeiten Stalins noch einmal gelesen. Und so kam ich dahin, daß es für mich heute nicht nur eine subjektive, sondern eine objektive Notwendigkeit ist, jeder beliebigen Form der Rehabilitierung Stalins, der Restaurierung seines Kultes mit allen Mitteln entgegenzutreten, die mir das Parteistatut und die sowjetische Verfassung gewähren.

Wertschenko: Es gibt keinerlei Restaurierung. Darin besteht ja ihr politischer Fehler. Sie erheben Anklage gegen eine eingebildete Restaurierung. Sie kleben politische Etiketts auf.

Sie benutzen die gleichen Methoden, die Sie bei anderen verurteilen. Sie erheben politische Beschuldigungen gegen Zeitschriften und gegen den Genossen Gorbatschow. Aber wir befinden uns hier im Moskauer Parteikomitee – ich spreche nicht nur meine eigene Meinung aus –, wir glauben, daß diese Zeitschriften die Parteilinie realisieren, Sie dagegen handeln so, daß Sie der Partei Schaden zufügen. Ich sehe mich gezwungen, zu wiederholen, was ich vorhin schon sagte: bewußt oder unbewußt helfen Sie unseren Feinden.

Kopelew: Dem kann ich nicht zustimmen, weil es den Tatsachen widerspricht. Ich klebe keinerlei Etiketts auf, ich beurteile konkrete Fakten. Gorbatschow versuchte, auf der Versammlung Stalin zu verteidigen. Er wurde vom Podium verjagt. Danach trat ich gegen ihn auf.

Wertschenko: Das Versammlungsstenogramm habe ich noch nicht gelesen, man hat mir nur von Ihrem Auftreten berichtet.

Kopelew: Ich habe nirgendwo geschrieben oder gesagt, daß bei uns eine Restaurierung des Stalinismus im Gange sei. Ich versuche nur zu warnen. Ich spreche von konkreten Versuchen zu einer derartigen Restaurierung, von ganz konkreten Verletzungen der Leninschen Prinzipien. Und eben über diese Dinge habe ich an das ZK geschrieben. Einmischung der Mitarbeiter des Staatssicherheitskomitees in Fragen der Ideologie, Kultur, Literatur – das ist gröblichste Verletzung der Leninschen Prinzipien . . .

Wertschenko: Was fällt Ihnen denn ein? Das Komitee für Staatssicherheit geht in diesen Fragen so väterlich, so feinfühlig und taktvoll vor . . .

Kopelew: Aber es soll überhaupt nicht »vorgehen«! Es hat sich überhaupt nicht einzumischen. Gerade darin bestehen ja die Leninschen Prinzipien. Gerade dank dieser Prinzipien, dank der persönlichen Bemühungen Lenins gelang es seinerzeit, jene Schriftsteller für die Sowjetmacht zu gewinnen, die zunächst aktive Gegner der Oktoberrevolution gewesen waren. Zu ihnen gehörten durchaus reife Schriftsteller wie Gorkij, Alexej Tolstoij, Schklowskij, Ehrenburg. Niemals hat Lenin die Tscheka oder die Gerichte im ideologischen

Kampf zu Hilfe gerufen, auch nicht in Streitgesprächen mit den eingefleischtesten Gegnern.

Wertschenko: Wie können Sie Schklowskij einen Gegner der Sowjetmacht nennen? Auch in bezug auf Gorkij kann ich Ihnen nicht zustimmen. Es war doch eine andere Zeit, es gab noch mehrere Parteien. Wie kann man das vergleichen?

Kopelew: Man kann und muß das vergleichen. Damals waren unser Staat und unsere Partei außerordentlich schwach. Verlautbarungen literarischer Gegner mußten daher für gefährlicher gehalten werden als heute. Aber Lenin dachte mit keinem Gedanken an Strafmaßnahmen, nicht einmal damals, als Gorkij offen und scharf gegen die SR-Prozesse[80] protestierte. Und die Sozialrevolutionäre waren ja des bewaffneten Kampfes, des Terrors angeklagt. Und Gorkij protestierte nicht nur selbst, er rief sogar Romain Rolland, Anatole France und andere ausländische Schriftsteller zum Protest auf.

Wertschenko: Gorkij hat seine Fehler selbst eingesehen. Sie wissen, wie er sie in späteren Jahren wieder gutgemacht hat.

Kopelew: Er hat sie eingesehen, weil ihn die Leninsche Politik überzeugt hat, das heißt, Politik ohne Repressionen, ohne Verfolgung ideologischer Gegner. Den unversöhnlichsten Gegnern wurde nahegelegt, ins Ausland zu gehen. Zum Beispiel Berdjajew, Bunin, Kuprin[81].

Wertschenko: Eben. Und Tarsis haben dann ja wir ins Ausland geschickt.

Kopelew: Das war sehr wohlgetan. Was er dort auch anstiftet, es schadet hundertmal weniger als die Tatsache, daß Sinjawskij und Daniel noch immer im Lager sitzen.

Wertschenko: Sie sitzen. Und sie werden sitzen, bis sie ihre Straffrist abgebüßt haben. Für sie eintreten – das bedeutet für Feinde eintreten.

Kopelew: Im Gegenteil. Gerade darin, daß sich in unserem Lande Menschen fanden, die sich für die ungerecht Verurteilten einsetzten, sahen unsere ausländischen Freunde den besten Beweis dafür, daß trotz allem – trotz dieser ungerechten Prozesse – wesentliche Veränderungen seit Stalins Tod stattgefunden haben, daß es kein Zurück zur Vergangenheit gibt. Solche ungerechten Gerichte aber, solche Gedichte und Artikel, gegen die ich mich gewandt habe, dienen den Feinden als Argumente dafür, daß sich nichts bei uns geändert hätte, daß auch jetzt alles noch genauso sei wie unter Stalin. Aber Briefe, wie ich sie mitunterschrieb, und unsere Auftritte gegen die Stalinisten beweisen das Gegenteil, beweisen, daß die Feinde sich irren. Die kommunistische Zeitschrift *Tagebuch* druckte meinen Brief ab, nicht etwa reaktionäre Zeitungen. Denen schmeckt so etwas nicht.

Die Reaktionäre protestieren nicht gegen die Prozesse. Sie freuen sich nur darüber. Unsere Freunde sind es, die protestieren, die progressiven Literaten, unter ihnen auch viele Kommunisten.

Wertschenko: Ich sehe mich genötigt, noch einmal zu wiederholen – die ideologische Situation ist äußerst kompliziert und schwierig. Die Feinde bemächtigen sich jeder greifbaren Erscheinung bei uns, die sie ausnützen können. Unter diesen Bedingungen ist Ihr Verhalten schädlich. Ich spreche hier mit Ihnen als Vorsitzender der Kulturabteilung des Moskauer Stadtkomitees. Ich wünsche, daß Sie ernsthaft und gründlich nachdenken. Sie haben sich darauf vorzubereiten, daß die Frage Ihres Verhaltens im Büro des Moskauer Komitees oder im Rayonkomitee geprüft werden wird. Ich persönlich bin der Meinung – und das ist nicht nur meine Meinung –, daß Ihr Brückenschlagen, Ihr – entschuldigen Sie – demagogisches Treiben, Ihre Behauptung, bei uns werde der Personenkult restauriert, unvereinbar ist mit der Mitgliedschaft in der Partei.

Kopelew: Und Sie glauben, daß es keine Restauration stalinistischer Zustände ist, einen Kommunisten deshalb abzuwürgen, weil er direkt und offen seine Ansichten schriftlich der Parteileitung vorgelegt hat, weil er sie offen auf der Versammlungstribüne ausgesprochen hat? Und was bedeutet das, wenn Wahrheit Demagogie genannt wird?

Wertschenko: Warum denn »abwürgen«, was ist das überhaupt für ein Ausdruck?

Kopelew: Weil der Parteiausschluß oder auch nur eine strenge Rüge im gegebenen Fall ein Abwürgen, eine Abrechnung ist. Sie wissen sehr wohl, daß ich morgen nicht anders sprechen kann als gestern; denn das wäre Lüge und Heuchelei. Aber ich war, bin und kann nicht anders sein als aufrichtig und ehrlich – der Partei wie jedem einzelnen Menschen gegenüber. Und dafür wollen Sie mich also ausschließen.

Wertschenko: Für Ehrlichkeit wird niemand ausgeschlossen. Aber Ihre Ansichten und Ihr Verhalten sind heute unvereinbar mit dem, was wir beide in der Tasche tragen.

Kopelew: Nun gut, ich wurde schon einmal aus der Partei ausgeschlossen. Das war 1945, zwölf Jahre später wurde ich wieder aufgenommen. Ich habe den XX. Parteitag erlebt, den ich nicht erwartet hatte. Ich hoffe, noch den XXIV. Parteitag zu erleben, den ich erwarte. Sollten wir uns später einmal wiederbegegnen, glaube ich, daß Sie Ihren Gesichtspunkt geändert haben werden.

Wertschenko: Ich habe mit Ihnen offen und ernst gesprochen. Denken Sie daran, daß man im Büro nicht mehr mit Ihnen diskutieren wird, dort wird man die Frage entscheiden.

Kopelew: Warum überhaupt Büro des Moskauer Komitees oder des Rayonkomitees? Warum nicht in der Grundorganisation, zu der ich gehöre? Nach dem Statut müssen die Grundorganisationen entscheiden.

Wertschenko: Auch die Grundorganisation wird der Frage nicht ausweichen. Sie haben morgen eine Versammlung im Institut, nicht wahr? Ins Büro des Moskauer Komitees wird man Sie wohl übermorgen vorladen, vorausgesetzt, es gibt keine Verzögerung wegen der Stadtkonferenz. Auf Wiedersehen.

Anmerkung des Autors:
Zwei Monate nach diesem Gespräch wurde ich aus der Partei ausgeschlossen. Den Beschluß hatte das Büro des Swerdlow-Rayonkomitees der Stadt Moskau gefaßt.

X Abschied von der Partei

An das Büro des Swerdlow-Rayons der KPdSU

7. Mai 1968

Der Erste Sekretär des Rayonkomitees, Genosse B. W. Pokarshewskij, stellte mir am 6. Mai telefonisch einige Fragen, auf die ich schriftlich antworte, da ich krankheitshalber nicht persönlich ins Büro kommen kann.

1. Im Herbst 1967 wandten sich einige Genossen aus der Redaktion der Zeitschrift *Tagebuch* an mich. Es handelt sich hier um ein Organ der österreichischen Kommunistischen Partei, an dem ich schon früher gelegentlich mitgearbeitet habe. Die Genossen wollten meine Meinung zu der Tatsache erfahren, daß in einigen sowjetischen Zeitschriften Arbeiten erschienen sind, in denen der Wunsch zur Restaurierung des Stalinkults deutlich geworden war. Sie schrieben, daß diese Publikationen die Freunde der UdSSR beunruhigten, da sie den antisowjetischen und antikommunistischen Propagandisten als Argumente für die Behauptung dienten, in unserem Lande gehe eine »Restalinisierung« vor sich, und es zeige sich die Unvereinbarkeit von Kommunismus und Demokratie, historischer Wahrheit, Humanität usw.

2. Diese Fragen konnte ich nicht unbeantwortet lassen. Es ist mein Beruf, die westliche Kultur in Vergangenheit und Gegenwart (Theater, Literatur, Kunst) in erster Linie anhand von Materialien in deutscher Sprache (DDR, BRD, Österreich, Schweiz) zu erforschen. Meine Spezialtätigkeit während des Krieges war Propagandaarbeit im feindlichen Heer

und in der Feindbevölkerung. Heute arbeiten meine ehemaligen Schüler, denen ich während des Krieges half, aus Soldaten und Offizieren der Hitler-Wehrmacht zu aktiven Antifaschisten zu werden, in der DDR und in der BRD. Einige von ihnen wurden Kommunisten.

Den Genossen vom *Tagebuch* schrieb ich einen ausführlichen Brief, den sie dann veröffentlichten.

3. Auf der Parteiversammlung im Kunsthistorischen Institut am 9. April haben die Diskussionsredner den Sinn dieses Briefes verdreht. Man unterstellte mir die Behauptung, bei uns werde der Stalinkult erneuert, während ich in Wirklichkeit das genaue Gegenteil nachgewiesen habe – nämlich die Unmöglichkeit einer solchen Restaurierung. Man unterstellte mir ferner einen Angriff auf den Schriftsteller S. S. Smirnow, den Autor der Bücher über die Helden von Brest, während in der Anfrage des *Tagebuchs* und in meiner Antwort von einem anderen Schriftsteller die Rede war – nämlich von S. W. Smirnow, dem Verfasser von Gedichten, die in der Zeitschrift *Moskwa* erschienen sind. (Da ich krank war, konnte ich an der Parteiversammlung nicht teilnehmen und habe daher erst jetzt von diesen Verdrehungen erfahren.)

Offenbar erhielt das Rayonkomitee ebenfalls eine falsche Information; denn Genosse B.W. Pokarshewskij fragte mich nach meinem »Interview in einer westdeutschen Zeitung«. Ich füge daher in einer wörtlichen Übersetzung den Text bei, der in der Januar/Februar-Nummer der österreichischen kommunistischen Zeitschrift *Tagebuch* veröffentlicht worden ist. Ich halte es für charakteristisch, daß dieser Text bis heute (soweit mir bekannt ist) nicht von bürgerlichen Zeitungen nachgedruckt worden ist.

4. Für alles, was ich in diesem Brief ausgesprochen habe, übernehme ich auch heute die volle Verantwortung. Ich bin überzeugt, daß ein offenes Gespräch, so wie ich es mit den österreichischen Genossen geführt habe, jedem beliebigen Auditorium nur nützlich sein kann. Der Kern dieses Gespräches basiert auf den Beschlüssen des XX. und XXII. Parteitags, die durch die Beschlüsse des XXIII. Parteitags

und andere Dokumente bestätigt worden sind. Jeder Versuch, die von der Parteitagstribüne herab dargelegte historische Wahrheit – die weiterhin im Laufe der letzten fünfzehn Jahre in vielen unwiderleglichen Dokumenten und literarischen Zeugnissen publiziert wurde – bei uns und im Ausland zu verschleiern oder zu leugnen, kann dem Prestige der Partei und dem sowjetischen Staat und der Sache des Sozialismus in der ganzen Welt nur Abbruch tun.

5. Es sind gegen mich Beschuldigungen erhoben worden, in denen behauptet wird, unsere Feinde hätten einen Brief, den ich anläßlich des Prozesses gegen Galanskow, Ginsburg und andere geschrieben habe, böswillig ausgenutzt. Hierzu erkläre ich:

a) Mein persönlicher Brief, adressiert an das Sekretariat des ZK, an den Obersten Sowjet, an den Generalstaatsanwalt und an die Verteidiger ist nirgendwo veröffentlicht und nirgendwo im Rundfunk gesendet worden. Die Essenz dieses Briefes bestand nicht in der »Verteidigung« der Verurteilten, sondern in der Kritik an jenen Sachverhalten, die es unseren ideologischen Gegnern ermöglichen, sie auszunutzen.

b) Ich habe außerdem einen kollektiven Brief an den Generalstaatsanwalt mitunterzeichnet. Auch dieser Brief ist weder veröffentlicht noch im Rundfunk gesendet worden.

6. Alles, was ich in meiner Antwort an die österreichischen Genossen schrieb, und alles, was ich in Artikeln, Büchern, wissenschaftlichen Aufsätzen, öffentlichen Reden, Vorträgen und Briefen an die Partei- und Regierungsinstanzen geschrieben und gesagt habe, wird vom Bewußtsein meiner Pflicht als Staatsbürger und Parteimitglied, von meinem Gewissen bestimmt.

Trotzdem werde ich zur Zeit einer unverdienten und beleidigenden Diskriminierung unterworfen. Es wurden zum Beispiel aus dem im Kunsthistorischen Institut vorbereiteten Sammelband meine Arbeiten herausgenommen, obwohl sie bereits akzeptiert und zum Druck genehmigt worden waren (so mein Aufsatz über die schweizerischen Dramatiker Max Frisch und Friedrich Dürrenmatt). Die Institutsleitung verweigert mir einen Erholungsurlaub, der ärztlich verordnet worden ist, obwohl ich meinen wissenschaftlichen Arbeitsplan bereits übererfüllt habe und mein Gesundheitszustand einen Sanatoriumsaufenthalt dringend erforderlich macht.

7. Da ich von einer langwierigen Verschlimmerung meines Herzleidens – hervorgerufen durch die »Demontage« – noch nicht wieder hergestellt bin und mich einer Heilbehandlung unterziehen muß, kann ich bei der Beurteilung meines »Falles« im Rayonkomitee nicht anwesend sein.

Anmerkung des Autors:
Ich weiß nicht, wie der Sekretär des Rayonkomitees mit meiner Erklärung verfahren hat. Zwei Wochen später schloß mich das Büro des Rayonkomitees in Abwesenheit aus der Partei aus. Diesen Beschluß habe ich nicht angefochten, und ich habe auch nicht versucht, in Erfahrung zu bringen, wie er begründet worden ist.

XI Über Tragödien und Farcen in der Geschichte

Aus einem Privatbrief, Mai 1968

Am 9. Januar 1905 zogen viele tausend Petersburger Arbeiter zum Winterpalais, um beim Zaren Barmherzigkeit und Hilfe zu erflehen. Sie gingen voll Glauben und Hoffnung, in tiefer Verehrung vor der kaiserlichen Macht. Ihr Vertrauen wurde mit Kugeln, Säbeln und Knuten erwidert. Zaristische Schergen erschlugen den Glauben des Volkes an den Zaren. Nur wenige der vielen, die vor den Schüssen und Schlägen flohen, wurden zu realen Gegnern des Staates. Die meisten kehrten eingeschüchtert, verstört, enttäuscht, ihrer Hoffnungen beraubt in ihre Häuser zurück, unfähig nun, noch jemandem zu glauben. Doch bald wuchsen Jüngere, Entschlossenere heran. Sie wollten nicht mehr bitten und flehen. Sie trauten weder der Macht des Zaren noch seiner Gnade. Statt dessen glaubten sie leidenschaftlich an heilbringende Gewalt und negierten radikal alles, was irgend mit Regierung und Staat zu tun hatte . . . So war das.

Im Januar und Februar 1968 schrieben ein paar hundert, im Höchstfall tausend sowjetische Intellektuelle, einzeln und kollektiv, Briefe an die Regierung, an die Parteileitung, an den Obersten Gerichtshof usw. Sie schrieben und baten darum, ein ungerechtes Gerichtsurteil zu revidieren, das gegen vier junge Leute[82] ergangen war. Wenig später protestierten wieder einige Intellektuelle – und zwar gegen die zwangsweise Einlieferung des jungen Wissenschaftlers A. J. Jessenin-Wolpin in eine Nervenklinik. Man hatte ihn dorthin verbracht, weil er versucht hatte, öffentlich für die verurteilten jungen Leute aufzutreten.

Alle, die diese Gesuche geschrieben und unterschrieben

hatten, verehrten diejenigen, an die sie sich wandten. Sie vertrauten ihnen und hofften auf sie. Viele, sicherlich die überwiegende Mehrheit dieser »Unterschriftler« oder »Unterschreiber« (diese neuen Vokabeln entstanden im Frühjahr dieses Jahres), bedauerten nicht nur die unschuldig Verurteilten, ebensosehr sorgten sie sich um das Prestige von Staat und Partei. Und – man antwortete ihnen mit öffentlicher Schelte, mit Drohungen und administrativen Strafen, man schloß sie aus der Partei aus und entließ sie von ihren Arbeitsplätzen. Auch jetzt wurden sie nicht zu Feinden ihres Staates, natürlich nicht. Doch eingeschüchtert, enttäuscht, ihrer Hoffnungen beraubt und unfähig, noch zu glauben, mußten sie in ohnmächtiger Verzweiflung mit ansehen, wie sich stupide und eigennützige Diener eben dieses ihres Staates ereiferten. Blinde Liebe zu den Futterkrippen der Karriere veranlaßt diese Diener, unbesehen jeden zur Strecke zu bringen, der es wagt, eine »eigene Meinung« zu haben; denn so etwas könnte gefährlich für sie selber werden und ihre Privilegien in Frage stellen. Diese Diener schlagen blindlings drauflos, ohne zu begreifen, daß sie damit das Dach ihres eigenen Hauses ins Wanken bringen: daß es nicht nur auf die unglückseligen Briefschreiber herabstürzen kann, die vergeblich zu warnen suchten, sondern auch auf sie, die Verfolger. Wer heute aus der Partei ausgeschlossen, aus Redaktionen, wissenschaftlichen und pädagogischen Institutionen entlassen wird, auf »schwarze Listen« gerät, wird natürlich nicht zum Verbündeten ausländischer Feinde, wie etwa manche Erben der »Operation Trust«[83] erwarten. Doch die Bestrafung von Bittstellern und Beschwerdebriefschreibern – die offen mit Namen und Adresse auftreten –, wird zweifellos mit der Zeit andere Kräfte auf den Plan rufen. Die vertrauensvollen »Unterschriftler« werden unausweichlich abgelöst werden von geheimen, namenlosen, fanatischen Gegnern jener Gesellschaftsordnung, die in so selbstmörderisch ungeschickter Weise von den neuen Hexenjägern verteidigt wird. Zur Zeit gibt es ihrer viele – Jäger, Hundeführer und Treiber. Sie nehmen aus Gemeinheit, Feigheit oder Gleichgültigkeit teil an den Hetzjagden und Strafaktionen. Sicher: es sind viel weniger als vor zwanzig Jahren, aber immer noch genug. Ob es wirklich niemanden unter ihnen gibt, der fähig ist, über die Lehren der neuesten Geschichte nachzudenken?

Es ist erst zehn Jahre her – 1958, da ging man in China ebenso eifrig gegen »rechte Elemente« vor, gegen jene, die offen den Stalinismus und seine chinesischen Varianten kritisierten. Und schon nach wenigen Jahren wurden gerade chinesische Stalinisten – unlängst noch wilde Verfolger – zu erniedrigten Opfern einer »Kulturrevolution«, die sie im Grunde hervorrufen halfen.

Der heutige fanatische Mao-Kult und der Fanatismus der Kulturrevolutionäre in allen ihren abstoßenden und schrecklichen Erscheinungsformen, die trotzdem in Asien, Afrika, Lateinamerika und sogar in den Ländern des Westens Anhänger finden, sind schließlich unmittelbare Folgen des nicht voll bewältigten, nicht gänzlich enthüllten Stalinismus. Sowohl in China als auch in Albanien entwickeln sich unheildrohende Kräfte, ähnlich denen, die Stalin, Jeshow und Berija hervorbrachten; sie entwickeln sich in so bedeutendem Maße, weil bei uns die objektiven wie subjektiven Voraussetzungen des Stalinismus nicht aufgedeckt und nicht wirklich überwunden sind.

In den Jahren 1936 bis 1939 kamen in den Gefängnissen unter Jeshows und Berijas Ägide Zehntausende von gläubigen Stalinisten um. Unter ihnen gab es viele, die noch kurz zuvor selbst erbarmungslos gegen wirkliche und vermeintliche Oppositionelle vorgegangen waren, gegen alle, die nicht hingebungsvoll genug gedient hatten. Heute aber verbieten diejenigen, die mit Flüchen gegen Mao und seine Getreuen nicht geizen, sogar die bloße Erwähnung der blutigen Untaten Stalins und seiner Helfershelfer.

Marx schrieb, daß Wiederholungen geschichtlicher Tragödien gewöhnlich zur Farce werden. Der 9. Januar 1905 war eine Tragödie. Die Verfolgung der »Unterschriftler« im Jahre 1968 ist eine plumpe Farce.

Stalins Terror war eine schreckliche Tragödie für viele

Millionen Menschen bei uns und in den Ländern Osteuropas; er war eine Tragödie für alle ehrlichen Kommunisten in der ganzen Welt.

Die »Kulturrevolution« der Maoisten ähnelt dagegen mehr einer Farce. Doch in unserem Jahrhundert können auch Farcen blutig und tödlich für viele Menschen sein. Das Bemühen der Regisseure von Moskau, Kiew, Nowosibirsk und an anderen Orten, die heute die Farce »Enthüllung der Unterschriftler« inszenieren, kann schon morgen die stürmische Eigenaktivität »vaterländischer Kulturrevolutionäre« oder anderer Dämonen hervorrufen – ähnlich denen, die Dostojewskij geschreckt haben: Dämonen eines neuen Stalinismus oder Chauvinismus, der Anarchie oder des nationalistischen Faschismus.

Die Ausschaltung der Öffentlichkeit, die Verschärfung der Zensur, die Verfolgung all jener, die offen konkrete Ungerechtigkeiten kritisch beurteilen (mögen einzelne Urteile auch übertrieben oder gar falsch sein), all dies bestätigt die Verantwortungslosigkeit des bürokratischen Apparates gegenüber dem Volk, die totale Verantwortungsfreiheit der Führenden gegenüber den Geführten. Das macht neue Untaten und neues Unglück nicht nur möglich, sondern auf die Dauer auch unausweichlich. Selbst die zahlenmäßig stärkste, perfekteste Geheimpolizei wird nicht imstande sein, das zu verhindern. Die historische Erfahrung aller Epochen – von den römischen Prätorianern bis zu den Verbrecherfratzen à la Jagoda und Jeshow, von den Fanatikern der Inquisition bis zu den »Kulturrevolutionären« – zeugt davon, daß solche »Feuerwehren« oft genug selbst Brände legen, um ihren Anspruch auf verantwortungsfreie Macht, auf besondere Privilegien und Vorrechte zu rechtfertigen.

Wenn ich gläubig wäre, würde ich heute aus tiefstem Herzen unablässig beten: Herr Gott, bewahre Rußland vor den neuen schweren Prüfungen!

Was aber soll ein Nichtgläubiger tun?

XII   Schließt Solschenizyn nicht aus!

An die Verwaltung des Schriftstellerverbandes der UdSSR, Kopie an die Literaturnaja gaseta

14. November 1969

Jeder Schriftsteller braucht Erinnerungsvermögen und Vorstellungskraft. Die Leute, die seinerzeit Anna Achmatowa und Michail Soschtschenko »demontierten«, die Kritiker der »Kosmopoliten« und Pasternaks haben unserem Lande nichts als Schaden gebracht. Wenn man sich daran erinnert, kann man sich leicht vorstellen, welche Folgen der Ausschluß Alexander Solschenizyns haben wird.

Für viele Millionen Menschen bei uns und in der ganzen Welt, für alle ausländischen Freunde unseres Landes verkörpert Solschenizyn heute die besten Traditionen der russischen Literatur, er verkörpert Zivilcourage und das saubere Gewissen eines Künstlers.

Der Beschluß der Rjasaner Sektion des Schriftstellerverbandes muß schleunigst aufgehoben werden.

XIII   Gebt Grigorenko Bücher!

An die Psychiater der Anstalt 216–2 Tschernjachowsk[84], Gebiet Kaliningrad

2. Januar 1972

Geehrte Genossen,
ich bitte Sie dringend, so rasch wie möglich die beigefügten Bücher Pjotr Grigorjewitsch Grigorenko auszuhändigen. Es sind Übersetzungen und Originale von Erzählungen des berühmten deutschen Schriftstellers Heinrich Böll. Beim Vergleichen von Original und Übersetzung kann Pjotr Grigorjewitsch seine Kenntnisse der deutschen Sprache erweitern, Theorie und Praxis der Übersetzung künstlerischer Literatur studieren. Er ist an diesen Fragen ernsthaft interessiert, und ich als Sachverständiger kann Ihnen bestätigen, daß er in dieser Beziehung sehr nützliche Gedanken entwickelt hat.
Der frische, lebensfrohe Brief, den ich zu Neujahr von ihm erhielt, war für alle, die Pjotr Grigorenko kennen und um sein Schicksal in Sorge sind, eine große Freude. Offensichtlich wirkt die Beschäftigung mit der deutschen Sprache und mit Übersetzungsproblemen in jeder Beziehung wohltuend auf ihn. In der Annahme, daß auch Sie sich davon schon überzeugt haben, erlaube ich mir, Sie zu bitten:
Gestatten Sie endlich, Pjotr Grigorjewitsch Schreibutensilien auszuhändigen. Ohne entsprechendes Schreibmaterial ist es für ihn unmöglich, sich weiter aktiv mit dem Fremdsprachenstudium zu befassen. Ich erlaube mir, mich an Sie mit einer

derart inoffiziellen und sehr dringenden Bitte zu wenden, da ich zu denen gehöre, die, ohne seine Ansichten durchweg zu teilen, ihn tief verehren als einen opferbereiten, selbstlosen, edlen Patrioten, als ungewöhnlich tapferen, begabten und guten Menschen. Sie wissen sicher, daß alle, die ihn selbst oder seine wissenschaftlichen und publizistischen Arbeiten genügend kennen, ihn ebenso einschätzen. Ihre Zahl ist bei uns und im Ausland sehr groß.

Sein Schicksal entscheidend zu ändern, hängt sicherlich nicht von Ihnen ab. Aber von Ihnen hängt es ab, seine Lebensbedingungen in Ihrer Anstalt weniger drückend zu gestalten. Dafür sind Sie verantwortlich, vor allem vor Ihrem eigenen Gewissen.

Pjotr Grigorjewitsch Grigorenko – den Helden des Großen Vaterländischen Krieges, den Gelehrten, die Persönlichkeit des öffentlichen Lebens – werden weder seine Freunde (bekannte und unbekannte) noch die unbestechliche Geschichte, noch irgend jemand, der je mit ihm zusammentraf, vergessen. Auch Sie werden ihn nicht vergessen. Und daher wird es gut für Sie sein, sich jetzt ihm gegenüber so zu verhalten, daß Sie nicht später, noch nach vielen Jahren, Ihr Gewissen quält, daß Sie sich vor Ihren Kindern und Kindeskindern nicht schämen müssen. Bitte, verstehen Sie mich recht: menschlich gutes Verhalten Pjotr Grigorjewitsch gegenüber kann nur für alle nützlich sein – für ihn, für die Seelenruhe eines jeden von Ihnen und für die Würde unseres Staates.

Ich wünsche allen, die diesen Brief lesen werden, nebst Ihren Angehörigen zum eben begonnenen neuen Jahr gute Gesundheit, das Gelingen guter Vorsätze und viel Glück.

Anmerkung des Autors:
Dieser Brief hat »gewirkt«: Grigorenko bekam die Bücher und erhielt die Erlaubnis, mit mir zu korrespondieren und weitere Buchsendungen von mir zu empfangen.

XIV Plädoyer für
Lydia Tschukowskaja

*An die Moskauer Organisation des Schriftstellerverbandes der
UdSSR*

Januar 1974

Ich bitte um die Genehmigung, an der Sitzung des Sekretariats am 9. Januar, auf der die Sache der Lydia Kornejewna Tschukowskaja geprüft werden wird, teilnehmen und das Wort ergreifen zu dürfen. Wenn diesem Gesuch nicht stattgegeben wird, bitte ich, diesen Brief auf der Verhandlung verlesen zu lassen:

1. Ich kenne Lydia Tschukowskaja seit vielen Jahren, ich bin stolz auf ihre Freundschaft und verehre sie tief. Sie ist ein Mensch von makelloser edler Seele, reifem Verstand und tätiger Güte. Im höchsten Grade, bis zur Selbstverleugnung ehrlich in ihren Beziehungen zu allen Menschen, besitzt sie unerschütterliche Zivilcourage.

Lydia Tschukowskajas Bücher über Bestushew, Herzen, Schewtschenko, Shitkow, der Band »Im Laboratorium eines Redakteurs« und andere, ihre Artikel und Essays, neue, erst zum Teil bekannte Arbeiten (»Notizen über Anna Achmatowa«, »Buch über meinen Vater«, die Kurzromane »Sofija Petrowna« und »Untertauchen«), dies alles sind Leistungen eines hochbegabten Autors, Kritikers und Literaturwissenschaftlers, Arbeiten, deren Bedeutung mit der Zeit nur noch wachsen wird.

Vielen Schriftstellern verschiedenster Lebensalter, darunter auch mir, half Lydia Tschukowskaja großzügig mit strenger

Kritik und den Ratschlägen eines ungewöhnlich feinfühligen Redakteurs und Lektors. Für alle, die ihr Verhältnis zum »heiligen Handwerk« des Schriftstellers (Achmatowa), ihre tief wurzelnden Bindungen an das Werk Herzens, Anna Achmatowas, Kornej Tschukowskijs, Samuil Marschaks kennen, für alle, die ihre bahnbrechende Arbeit am Wort verfolgt haben, verkörpert Lydia Tschukowskaja die ungebrochene Tradition der russischen Literaturgeschichte.

2. All dies veranlaßt mich, mich an das Sekretariat der Moskauer Organisation des Schriftstellerverbandes zu wenden. Bei allen denkbaren Unterschieden in Überzeugung und Geschmack gibt es dennoch Begriffe, in denen die Literaten übereinstimmen. Solche Begriffe sind Erinnerungsvermögen und Vorstellungskraft.

Gerade in diesen Tagen stürmen Moskauer Literaten die Buchhandlungen in der Hoffnung, die einbändigen Ausgaben Bulgakows und Mandelstams zu ergattern. Mit Ungeduld warten sie auf Neuausgaben von Achmatowa, Soschtschenko, Pasternak. Unnötig, an das Schicksal dieser Autoren zu erinnern.

Man braucht gar nicht erst die Vorstellungskraft zu bemühen, um sich auszumalen, welche Jagd in einigen Jahren auf die Bücher von Alexander Solschenizyn, Wladimir Maximow, Jossif Brodskij und, natürlich, Lydia Tschukowskaja und Wladimir Wojnowitsch einsetzen wird. Wahrscheinlich wird man mir widersprechen und sich dabei auf die Notwendigkeit des »ideologischen Kampfes« beziehen. Doch im Gedächtnis der Literatur gibt es Beispiele dieses »Kampfes«, der mit ähnlichen Begründungen gegen Scholochow, Majakowskij, Wsewolod Iwanow, Alexej Tolstoj, Ilja Ehrenburg, gegen die »Jessenin-Manie« und die »Tschukowskij-Manie«, gegen Platonow, Twardowskij, die »wurzellosen Kosmopoliten« usw. usw. geführt wurde.

Haben die siegreichen Kämpfer in diesen Schlachten etwa viel Ehre errungen?

3. Der gegenwärtige ideologische Kampf ist ein Aufeinanderprallen von Ideen und Gedanken, der Zusammenstoß einan-

der widersprechender Perspektiven: Rede gegen Rede, Buch gegen Buch, Artikel gegen Artikel. Noch nie aber hat jemand Ideen mit Verboten, Repressionen oder sonstigen administrativen »Maßnahmen« ausmerzen können.

Die tausendjährige Erfahrung der Geschichte bezeugt unwiderleglich: Wer den Kampf der Ideen durch Scheiterhaufen für die Häretiker ersetzen will, durch Schafotte, Galgen, Gefängnisse, Zensurwillkür und »Demontagen«, die keine Entgegnung gestatten, der beweist, daß er nicht an die Kraft jener Ideen glaubt, die er angeblich verteidigt, in Wirklichkeit aber der Niederlage preisgibt.

4. Sollte das Sekretariat – der Resolution des Büros der Sektion für Kinderliteratur entsprechend – den Ausschluß Lydia Tschukowskajas aus dem Schriftstellerverband in einer geschlossenen Sitzung beschließen, ohne ihr die Möglichkeit zu gewähren, vor einem ausreichend großen Auditorium von Kollegen selbst das Wort zu ergreifen, und ohne jene Verbandsmitglieder anzuhören, die sich gegen den Ausschluß wenden, so wäre dies keine Erscheinung des ideologischen Kampfes, sondern ein weiteres Scherbengericht.

5. Ich bitte alle Mitglieder des Sekretariats dringend, wenn sie jetzt über das Schicksal von Lydia Tschukowskaja zu entscheiden haben werden – und demnächst auch über das von Wladimir Wojnowitsch, eines sehr begabten, verdientermaßen populären Erzählers und Dramatikers –, daß sie nicht nur an die Zukunft dieser Schriftsteller denken möchten, sondern auch an ihre eigene: Wie werden Sie sich später dieser Sitzungen erinnern? Wie werden Sie auf die Fragen antworten, die Ihnen unausweichlich Ihr Gewissen, Ihre Kinder und schließlich die Literaturgeschichte stellen werden?

Anmerkung des Autors:
Dieser Brief wurde auf der Sitzung des Sekretariats nicht verlesen, und ich erhielt selbstverständlich auch nicht die Genehmigung zur Teilnahme an der Sitzung.

XV Solschenizyns Verhaftung ist sein Sieg

12. Februar 1974

Alexander Solschenizyn – den großen Schriftsteller und Kämpfer für Gerechtigkeit – kennen und lesen viele Millionen Menschen guten Willens in der ganzen Welt.

Mir wurde das Glück zuteil, Alexander Solschenizyn vor 27 Jahren kennenzulernen. Ich war mit ihm im Straflager zusammen; ich korrespondierte mit ihm, als er schwerkrank, vom Krebstod bedroht, in der Verbannung lebte; ich begegnete ihm wieder, als er Lehrer war; ich sah ihn als Schriftsteller, der rasch nationale und internationale Bedeutung errang. Damals begeisterten sich die Meister unserer Literatur für ihn: Achmatowa, Twardowskij, Tschukowskij, Paustowskij und viele andere mehr. Man lobte ihn in den Zeitungen und Zeitschriften, er wurde ehrenvoll im Kreml empfangen, der Schriftstellerverband schlug ihn für den Lenin-Preis vor, und vor ihm dienerten die prominenten Kollegen und Würdenträger. Später beobachtete ich den weltberühmten Nobelpreisträger, der nun aufs neue gehetzt, von Verleumdungen, Beschimpfungen und Drohungen verfolgt wurde, dennoch ein glücklicher Ehemann und Vater war, seinen Freunden ein treuer Freund, ein unermüdlicher Arbeiter am Wort.

Immer und überall, in Bitternis und Freude, blieb er unwandelbar zielstrebig besessen vom leidenschaftlichen Bewußtsein seiner Pflicht als Bürger und Schriftsteller. Vom Bewußtsein, das aussprechen zu müssen, was Millionen Schweigender nicht aussprechen können – all die Ermordeten, alle von Folter, Hunger und Zwangsarbeit zu Tode gequälten Sträflinge; was Millionen Stummer nicht sagen können – Enttäuschte, Verängstigte oder von der Routine Gefesselte.

Alexander Solschenizyn ist der unmittelbare Erbe der edelsten Tradition der russischen Literatur, der Tradition Herzens, Lew Tolstojs, Dostojewskijs, des jungen Gorkij; er hat ihr Erbe tatkräftiger Menschenliebe weitergeführt im beispiellosen Einzelkampf gegen erstickende Lüge und übermächtige Gewalt.

Solschenizyns Verhaftung ist ein schwerer Schlag für ihn, für seine Familie, seine Freunde, seine Leser. Doch zugleich ist sie ein neuer moralischer Sieg, der die Wahrheit und Aktualität seiner letzten Bücher bestätigt. Diese Verhaftung ist ein Akt sich selbst entlarvender, unbedachter Willkür. Aber solange Solschenizyn in Gefangenschaft ist, kann sich niemand in unserem Lande, ja niemand in der ganzen, unteilbaren Welt, in Sicherheit fühlen.

Anmerkung des Autors:
Diese Erklärung schrieb ich in der Nacht nach Solschenizyns Verhaftung und übermittelte sie am anderen Morgen telefonisch einem ausländischen Korrespondenten.

XVI   Lebenslänglich verurteilt?

An das Sekretariat der Verwaltung der Moskauer Organisation des Schriftstellerverbandes der RSFSR

12. Dezember 1974

Im Verlauf von annähernd sieben Jahren hat man mir Schritt für Schritt und immer entschiedener die Möglichkeit genommen, meine Arbeiten zu veröffentlichen. Ich führe einige Beispiele an:

Im März 1968 lösten die Verlage »Künstlerische Literatur«, »Kunst« und »Progreß« ihre mit mir geschlossenen Verträge. Kapitel aus meinem Buch »Goethe und das Theater«, die schon auf der Sitzung der zuständigen Sektion des Kunsthistorischen Instituts besprochen und zum Druck akzeptiert worden waren, wurden aus den honorarfreien Sammelbänden herausgenommen. Meine große Arbeit »Tolstoj und Goethe«, die vom Wissenschaftlichen Rat des Lew-Tolstoj-Museums für gut befunden und angenommen war, wurde 1970 aus dem ebenfalls honorarfreien *Jasnapoljanskij Sbornik* (Sammelband Jasnaja Poljana) entfernt. Daraufhin schickte ich diese Arbeit als Probekapitel zu dem geplanten Buch »Leo Tolstoj und die deutsche Literatur« an den Verlag »Künstlerische Literatur«. Es vergingen vier Jahre, und trotz mehrfacher Anfragen erhielt ich bis heute keine Antwort auf meinen Vorschlag.

Bis 1974 konnte ich hin und wieder Rezensionen im *Bulletin sowremennoj sarubeshnoj literatury* (Bulletin ausländischer Literatur) veröffentlichen, das von der Staatlichen Bibliothek ausländischer Literatur herausgegeben wird. Seit Februar dieses Jahres ist es der Redaktion des »Bulletins« verboten (ich weiß nicht von wem), Rezensionen von mir anzunehmen. Bis zum vorigen Jahr schrieb ich von Zeit zu Zeit Überblicke über das Theaterleben in den deutschsprachigen Ländern für die Abteilung »Ausländische Theater« der *Wserossijskoje Teatraljnoje Obschtschestwo* (Russische Theatergesellschaft). (In dieser Abteilung arbeitete ich vor dem Krieg, von hier aus ging ich an die Front, und hier arbeitete ich nach meiner Rehabilitierung systematisch mit.) Zu Beginn dieses Jahres verbot die Leitung der WTO, mich weiter zur Mitarbeit heranzuziehen, nicht einmal für die Abfassung anonymer Übersichten oder zu Konsultationen mit Schauspielern. 1956 übersetzte ich Bertolt Brechts Schauspiel »Das Leben des Galilei«. Meine Übersetzung wurde mehrmals in unseren Brechtausgaben veröffentlicht. Zehn Jahre lang stand das Stück in meiner Übersetzung auf dem Spielplan des Taganka-Theaters, es wurde im Rundfunk gesendet. Doch als das Moskauer Künstlertheater dieses Stück 1975 neu inszenierte, bestellte die Direktion eine neue Übersetzung, ohne dafür irgendeinen Grund anzugeben.

1974 begann der Verlag »Künstlerische Literatur«, eine Ausgabe der gesammelten Werke Goethes vorzubereiten. Ich bat die Redakteure dieser Ausgabe, mir die Möglichkeit zur Mitarbeit zu geben, sei es auch nur bei der Abfassung der Kommentare und bei den Übersetzungen der wissenschaftlich-publizistischen Prosa. (Denn ich hatte schon 12 Druckbogen der Aufsätze Goethes über Kunst und Literatur übersetzt; Teile davon waren in der Zeitschrift *Woprosy literatury* erschienen und vom Verlag »Kunst« für den Sammelband »Goethe über Kunst« angenommen worden.) Antwort auf meine Bitte erhielt ich nicht.

Seit drei Jahren warte ich vergeblich auf eine Antwort des Verlages »Wissenschaft«, dem ich vorgeschlagen hatte, für ihn Goethes Tagebücher, die bisher noch nie in russischer Sprache publiziert worden sind, zu übersetzen und zu kommentieren. (Es sind die sogenannten »Annalen«.)

Alle diese Fakten bezeugen eindeutig, daß ich des Rechtes beraubt worden bin, in meinem Beruf zu arbeiten, daß ich der Möglichkeit beraubt worden bin, die Kenntnisse mitzuteilen, die ich im Laufe vieler Jahre erworben habe und weiterhin vertiefe und hinzugewinne, da man mir einstweilen nicht verbieten kann, zu lesen. Über all dies habe ich schon mehrfach an verschiedene Instanzen berichtet. Immer vergeblich.

Ich bitte das Sekretariat, mir zu erklären, ob ich auf Lebenszeit zum Ausschluß aus der literarischen Arbeit in meinem Lande verurteilt bin. Ausländische Verlage und Zeitschriften veröffentlichen meine Arbeiten; so erschien zum Beispiel die oben erwähnte Arbeit »Tolstoj und Goethe« in einem Verlag der BRD. Doch kann ich mich mit derartigen »Ventilen« nicht zufriedengeben, ich will hier nützlich sein. Wenn die Ächtung, der ich ausgesetzt bin, keine lebenslängliche ist, könnten dann vielleicht sieben Jahre genug sein? . . .

Anmerkung des Autors:
Die Anfrage blieb unbeantwortet. Auch 1976 hat die Situation sich nicht geändert.

XVII Amnestiert die politischen Häftlinge!

An das Politbüro des Zentralkomitees der KPdSU

9. April 1975

Die Verhaftung von Andrej Twerdochlebow und Sergej Kowaljow, die Haussuchungen bei Nikolaj Rudenko, Alexander Ginsburg, Walentin Turtschin und anderen Angehörigen des Komitees der internationalen humanitären Organisation »Amnesty International«, ferner die Verhaftung von Wladimir Ossipow, Redakteur der national-religiösen Zeitschrift *Wjetsche*, sind neue Beispiele ungerechter und unvernünftiger Unterdrückungsmaßnahmen. Die Männer, die diesen Repressionen ausgesetzt wurden, sind bei uns wie im Ausland vor allem durch ihren großen Mut bekannt geworden.

Der Prestigeverlust, den unser Staat und unsere Gesellschaft durch derartige Maßnahmen bereits erlitten hat, kann vielleicht gemildert werden, indem man die Verhafteten unverzüglich auf freien Fuß setzt, schleunigst eine Amnestie für politische Häftlinge erläßt und die Polemik gegen ideologische Gegner nur mit ideologischen Mitteln führt.

XVIII Antwort auf eine Vorladung vor den Untersuchungsrichter

An die städtische Staatsanwaltschaft Moskau

19. Juli 1975

Ich erhielt eine Aufforderung, am 23. Juli in der städtischen Staatsanwalt zwecks Zeugenaussage vor dem Untersuchungsrichter Tichonow zu erscheinen. Dieser Aufforderung nachzukommen, ist für mich nicht möglich.

1. Die Vorladung enthält keine Angaben, in welcher Sache man mich zu befragen wünscht. Mir sind keinerlei verbrecherische, kriminelle Taten bekannt. Und Bestätigungen irgendwelcher Ansichten, die, von wem auch immer, mündlich oder schriftlich geäußert worden sind, werde ich unter gar keinen Umständen geben.

2. Mehr als einmal habe ich in Briefen an leitende Instanzen von Partei und Regierung erklärt, warum ich überzeugt bin, daß die Einmischung administrativer Organe MWD (Innenministerium) und KGB (Komitee für Staatssicherheit), der Staatsanwaltschaften und Gerichte in das geistige Leben der Gesellschaft absolut unzulässig ist.

Jeder Versuch, Fragen der Wissenschaft und Kultur – Literatur, Philosophie, Religion, Kunst usw. – mit Mitteln administrativer Einwirkung oder gerichtlicher Verfolgung zu entscheiden, widerspricht nach Geist und Buchstaben der Verfassung unseres Landes, widerspricht internationalen Übereinkünften (Deklaration der Menschenrechte usw.), die auch von unserem Staat anerkannt und unterzeichnet worden sind, fügt einzelnen Menschen wie der Gesamtentwicklung unserer Kultur oft nicht wiedergutzumachenden Schaden zu.

3. Diese Tatsachen werden ständig von neuen Fakten bestätigt. Am 7. Juli dieses Jahres wurde der Dichter und Kritiker Jurij Ajchenwald »als Zeuge« vorgeladen (übrigens auch von Untersuchungsrichter Tichonow) und mußte unmittelbar nach der Einvernahme mit schwerem Herzinfarkt in eine Intensivstation zur Wiederbelebung eingeliefert werden. Zu traurigem Ruhm gelangten die Verhöre des Schriftstellers Wladimir Wojnowitsch im Mai dieses Jahres.

4. Ich werde der Vorladung des Untersuchungsrichters nicht Folge leisten, und ich werde mich darüber hinaus auch in gar keiner Form an irgendwelchen Untersuchungen beteiligen, die im Zusammenhang mit »ideologischen« Anklagen stehen.

5. Keiner der freiwillig oder unfreiwillig an derartigen Untersuchungen Beteiligten kann sich auf den Ausschluß der Öffentlichkeit verlassen, er kann sich auch nicht auf die nur begrenzte Verantwortlichkeit des subalternen Vollzugsbeamten oder des eingeschüchterten, unter Druck gesetzten Zeugen berufen. Die historische Erfahrung, speziell die Erfahrung der letzten Jahrzehnte, hat bewiesen, daß üble Dinge nicht geheim bleiben. Und selbst wenn einer der öffentlichen Verurteilung entgehen sollte, so wird er der Verurteilung durch seine Kinder und sein eigenes Gewissen nicht entgehen.

XIX Protest gegen die Verurteilung von Wladimir Ossipow

An den Vorsitzenden des Obersten Gerichtshofes der RSFSR, Kopie an den Generalsekretär der Vereinten Nationen, das Sekretariat von »Amnesty International«

Wladimir Ossipow, Herausgeber und Redakteur der handschriftlich verbreiteten national-religiösen Zeitschrift *Wjetsche*, die mehrere Jahre lang unter seinem Namen mit genauer Adressenangabe erschien, ist vom Stadtgericht Wladimir zu acht Jahren Freiheitsstrafe verurteilt worden.

Schon die strafrechtliche Verfolgung journalistischer Tätigkeit widerspricht der Verfassung unseres Staates und allen internationalen Abkommen über die Menschenrechte, insbesondere dem unlängst auch von unserem Staat unterzeichneten Dokument von Helsinki; in noch schärferem Widerspruch dazu steht das monströs harte Urteil.

Die Ansichten und Auffassungen von W. Ossipow teile ich nicht. Einige seiner Urteile über historische, philosophische und soziologische Fragen halte ich für absolut unrichtig. Aber gerade deswegen kann ich als Unbeteiligter betonen, daß administrative gerichtliche Verfolgung für die Äußerung derartiger Ansichten unzulässig und illegal ist, und lediglich schädliche Folgen haben wird.

Alles, was ich über die Person Wladimir Ossipows weiß, überzeugt mich davon, daß er Rußland hingebungsvoll liebt, daß er wahrhaftig, aufrichtig bis zur Naivität, uneigennützig und mutig ist.

Ich bitte den Obersten Gerichtshof der Republik, das ungerechte Urteil zu revidieren. Alle Menschen guten Willens rufe ich auf, diese Bitte zu unterstützen.

XX Hommage für Andrej Sacharow

Dezember 1975

Andrej Dmitrijewitsch Sacharows Persönlichkeit wird aus allem deutlich, was er sagt, schreibt oder tut. Er ist stets vorbehaltlos ehrlich, taktvoll, feinfühlig, sogar sanft. Er kann sich ebensowenig verstellen, wie die meisten Menschen unfähig sind zu komponieren. Aber er ist unerschütterlich fest und bis zur Selbstaufgabe furchtlos, wenn er den Kräften des Bösen widersteht und Verfolgte verteidigt.

Man braucht mit seinen Ansichten nicht übereinzustimmen, man mag manche seiner Urteile für ungenau oder auch falsch halten – doch seine Charaktergröße kann man nicht bestreiten, und niemand kann sie schmälern.

Als Ritter tätiger Güte, der ohne zu zögern auf jeden Hilferuf reagiert, verkörpert Sacharow die besten Züge des russischen Nationalcharakters, wie sie Tolstoj, Dostojewskij, Nekrassow und Korolenko künstlerisch gültig beschrieben haben. In vergangenen Jahrhunderten wurden solche Helden des immer wachen Gewissens, die ihre »Seele gaben für ihre Freunde«, wohl auch verfolgt. Doch später verehrte man sie wie Heilige.

Die lügenhafte Erklärung von 72 Mitgliedern der Akademie der Wissenschaft der UdSSR (veröffentlicht in der sowjetischen Presse im November 1975) kann die moralische Autorität Sacharows nicht erschüttern, die durch den Nobelpreis noch international bestätigt wurde. Die Rädelsführer der neuen Hetzjagd überraschen nur durch ihre Kurzsichtigkeit und Vergeßlichkeit: haben doch die ebenso hysterischen

Reaktionen auf die Preisverleihung an Pasternak (1958) und Solschenizyn (1970) den Ruhm der verfolgten Preisträger nur vergrößert.

Sacharows Ruhm wird Jahrhunderte überdauern. Und im hellen Licht dieses Ruhms weckt die Reihe der Namen, die die »Akademikererklärung« unterzeichneten, Unverständnis und peinliche Trauer. Bis 1953 wäre es gefährlich gewesen, die Unterschrift unter ein solches Papier zu verweigern. Heute aber riskiert ein namhafter Gelehrter bei einer Verweigerung kaum mehr als die kurzfristige Unzufriedenheit der Obrigkeit oder allenfalls eine kleine Verzögerung seiner Karriere.

Denken all jene hochgebildeten, vielerfahrenen und meist schon älteren Männer tatsächlich nicht daran, daß jedem von uns jenseits der sechzig immer weniger Zeit bleibt, seine Sünden zu büßen?

Keine noch so hohen staatlichen Ehren, Belobigungen, Auszeichnungen, nicht einmal echte wissenschaftliche Verdienste bewahren sie vor der Verachtung der Zeitgenossen und Nachkommen, vor dem unbestechlichen Richter des eigenen Gewissens in den letzten Stunden des Lebens. Die ruhmseligsten Grabreden, die pompösesten Grabdenkmäler wiegen die Schande einer solchen Unterschrift nicht auf.

XXI Rettet Mustafa Dshemiljew!

April 1976

1943 wurde Mustafa Dshemiljew auf der Krim geboren. Er war noch nicht einmal ein Jahr alt, als er verurteilt wurde. Am 18. April 1944 wurde er mit seinem ganzen Volk, den Krim-Tataren, zum Verlassen der Heimat verurteilt. Greise, Kinder, noch Ungeborene wurden in die Verbannung getrieben. Damals galt die Aufmerksamkeit der ganzen Welt den Siegen der sowjetischen Heere und den Leiden, die der Krieg und der faschistische Überfall Millionen von sowjetischen Menschen gebracht hatte. Das nutzte Stalin aus, um von Hitler die Stafette des Völkermords zu übernehmen. Wolgadeutsche, Kalmücken, Tschetschenen, Inguschen, Karatschaier, Krim-Griechen und Krim-Tataren wurden als Völker verleumdet, samt und sonders verurteilt und für immer aus ihrem Lande vertrieben.

Mustafa wuchs zu einem charaktervollen, aufrichtigen, klugen und tapferen jungen Mann heran. Er konnte und wollte sich nicht damit abfinden, daß sein Volk entehrt war und keine Heimat mehr hatte. Er sprach darüber in aller Offenheit. Ungesetzlicher Gewalt setzte er nur das Wort entgegen, nur friedliche Appelle und Bitten um Recht und Gerechtigkeit. Doch dafür nahm man ihm das Recht auf Ausbildung. Er weigerte sich, in der Armee des Staates zu dienen, der seinen Landsleuten verwehrte, in die Heimat zurückzukehren, obwohl die Unrechtmäßigkeit ihrer Verurteilung inzwischen offiziell anerkannt worden war. Mustafa verbarg nichts und täuschte niemanden. Offen und direkt erklärte er, warum er nicht Soldat werden wollte. Daraufhin wurde er wegen »Fernbleiben vom Dienst« zu drei Jahren Straflager verurteilt. Kaum hatte er die Frist verbüßt und war frei, wurde er erneut wegen des gleichen Delikts verurteilt, diesmal auf ein Jahr. Im Lager, kurz vor dem Ende der Frist, wurde er 1973 wieder verurteilt, nun nach dem Artikel 190 des Strafgesetzbuches »Verleumdung des sowjetischen Staates« auf zwei Jahre. Im Juni 1975, am Tag des Ablaufs dieser Frist, überführte man ihn vom Lager ins Gefängnis und eröffnete ihm eine neue Anklage, eine überaus zynische und grob zusammengeschusterte. So beschuldigte man ihn zum Beispiel, er habe die Werke des »Sowjet- und Rußlandfeindes Gasprinskij« propagiert. Ismail Bej Gasprinskij war zu seiner Zeit – er starb 1914 – ein liberaler, demokratischer Aufklärer, der die Werke russischer Schriftsteller übersetzt und popularisiert hatte.

Unmittelbar nach der Einlieferung ins Gefängnis erklärte Mustafa den Hungerstreik. Zehn Monate lang wurde er gewaltsam künstlich ernährt. Das Gericht tagte am 14. und 15. April 1976 in Omsk. Der Kronzeuge der Anklage, Wladimir Dworjanskij erklärte, er sei zu falschen Aussagen gezwungen worden. (Der 26jährige Dworjanskij war selbst Häftling und zu zehn Jahren verurteilt. Er hatte seine Schwester vor dem Überfall einiger roher Burschen verteidigt und dabei einen der Angreifer tödlich verletzt.) Der Untersuchungsrichter, der Dworjanskij die Aussage vorgeschrieben hatte, hatte ihm als Lohn vorfristige Entlassung versprochen und die Zulassung zum Institut ohne Aufnahmeprüfung, zugleich aber hatte er gedroht, wenn Dworjanskij sich weigere, käme er nicht lebend davon. Dworjanskij hatte sich jedoch schon vor der Verhandlung von der ihm zugedachten Rolle des Verleumders losgesagt und dies dem Staatsanwalt, der die juristische Aufsicht über das Lager auszuüben hatte, mitgeteilt. Doch der hatte ihm nur geraten . . . Selbstmord zu begehen.

Die Namen der Ermittlungsrichter, Staatsanwälte und anderer unmittelbar an den Gewaltakten gegen Mustafa Beteiligter sind bisher noch nicht bekannt. Jedoch werden sie alle würdig vertreten durch den Richter Jurij Iwanowitsch Anossow. Als Dworjanskij dem Richter erklärte, er habe absichtlich eine falsche Zeugenaussage unterschrieben, weil die Untersuchungsrichter, in deren Gewalt er sich befand, ihn dazu gezwungen hätten, fragte dieser ihn: »Und Sie glauben, Sie befänden sich jetzt nicht mehr in ihrer Gewalt?« Bei der Urteilsverkündung fällte Anossow einen zusätzlichen Spruch: Dworjanskij ist wegen falscher Zeugenaussage zur Verantwortung zu ziehen.

Bei der Verhandlung weigerte Anossow sich, einen großen Teil der von der Verteidigung und vom Angeklagten benannten Zeugen überhaupt anzuhören. Die Ausführungen des schwerkranken Mustafa, der sich kaum auf den Beinen halten konnte, unterbrach der Richter mehrmals grob und erlaubte ihm nicht, sein Schlußwort zu beenden.

Der Rechtsanwalt Schwejskij bewies überzeugend die völlige Unhaltbarkeit aller Beschuldigungen. Trotzdem lautete Anossows Urteil: Zweieinhalb Jahre strenges Regime.

Mustafa Dshemiljew wiegt nach acht Jahren Gefangenschaft und nach zehn Monaten Hungerstreik mit gewaltsamer Ernährung weniger als 40 Kilogramm. Die Ärzte konstatierten bei ihm eine Leberatrophie, reduziertes Aufnahmevermögen des Magens, schwere Herzinsuffizienz.

Anossows Urteil bedeutet: langsame Tötung. Dieser Richter hat einen Unschuldigen, der seine Jugend, genauer gesagt, ein Viertel seines Lebens in Gefängnissen und Lagern verbrachte, zum Tode verurteilt.

Dieses ungeheuerliche Urteil muß aufgehoben werden, damit Mustafas Leben gerettet wird, damit wir alle – seine Landsleute und Mitbürger – von schmachvoller Schuld befreit werden. Wir alle sind mehr oder weniger mitverantwortlich für das Verbrechen, das die Untersuchungsbeamten, die Staatsanwälte und der Richter mit ihrem Urteil »Im Namen des Volkes« begangen haben – im Namen des Staates, in dem wir leben und arbeiten, dessen Kraft und Ansehen in der Welt wir schaffen. Wir sind für dieses Verbrechen verantwortlich vor unserem Gewissen, vor unseren Kindern und Enkeln, vor der gesamten Menschheit.

Mustafas Schicksal ist kein Einzelfall. So wie er wurden auch andere gegen Recht und Gesetz, im Widerspruch zur Verfassung der Sowjetunion, im Widerspruch zu allen internationalen Vereinbarungen über die Menschenrechte, einschließlich der Erklärungen von Helsinki, verurteilt:

Die Schriftsteller Wladimir Bukowskij und Michail Chejfez, der Arzt Semjon Glusman, der Arbeiter Wjatscheslaw Igrunow, der Biophysiker Sergej Kowaljow, der Arbeiter und Schriftsteller Anatolij Martschenko, der Historiker Walentin Moros, der Publizist Wladimir Ossipow, der Arbeiter Gunnar Rode, die Lyriker Iwan Swetlitschnyj und Wassilij Stuss, der Philologe Gabriel Superfin, der Physiker Andrej Twerdochlebow, der baptistische Prediger Grigorij Wiens und noch viele andere, sie alle wurden verurteilt, weil sie offen ihre Gedanken geäußert oder Tatsachen veröffentlicht haben, die ihren Anklägern unangenehm sind.

Im Augenblick ist es das Vordringlichste, Mustafa Dshemiljews Leben zu retten – ihn unverzüglich freizulassen – und Wladimir Dworjanskij vor den harten Strafen zu bewahren, die ihm dafür drohen, daß er unter unmenschlichen Bedingungen Menschlichkeit und Tapferkeit bewies. Beide Männer müssen gerettet und die wahrhaft Schuldigen müssen zur Verantwortung gezogen werden.

Es gilt jetzt, einige einfache Fragen an die Regierung der UdSSR, an die Mitarbeiter der staatlichen und gerichtlichen Institutionen, an Funktionäre, Journalisten und Personen des öffentlichen Lebens zu stellen:

Warum werden trotz des eindeutig erkennbaren Wachstums der wirtschaftlichen, politischen, militärischen Kraft des Staates immer noch Menschen in Gefängnisse, Lager und Irrenanstalten gesperrt oder ins Exil getrieben, die kritische Überlegungen anstellen oder der offiziellen Ideologie widersprechende Gedanken äußern? Auf diese Frage wird manchmal entgegnet, daß doch in der Sowjetunion alles besser sei als zu Stalins Zeiten, wo es schätzungsweise 12 bis 15 Millionen

Häftlinge gab, die ohne Gerichtsverfahren durch administratives »Fernurteil« verurteilt worden waren; wo durch Geheimbefehle Hunderttausende, ja Millionen Menschen »entkulakisiert«, aus ihrer Heimat vertrieben, wo ganze Völkerschaften »umgesiedelt«worden waren. Heute dagegen gibt es bei uns »nur« ein paar hundert politische Häftlinge, die unter Beachtung der juristischen Formen verurteilt wurden. Doch der Prozeß gegen Mustafa Dshemiljew wie auch die Prozesse gegen Sergej Kowaljow (Wilna, Dezember 1975) und Andrej Twerdochlebow (Moskau, April 1976) beweisen, daß die Einhaltung der Formen nicht vor Willkür und Ungesetzlichkeit schützt.

Warum sind ein paar tausend Leute, Leute wie Dshemiljew, Twerdochlebow, Kowaljow, die untereinander nicht in Verbindung stehen und in ihren Ansichten durchaus verschieden sind, für die 15 Millionen Parteimitglieder, für 35 Millionen Komsomolzen, für die Sowjetarmee, die Heere des MWD, KGB, der Miliz, für die gesamte gewaltige Staatsmacht gefährlich?

Wie kommt es, daß die Staats- und Justizbeamten, die an derartigen Gewaltakten beteiligt sind und gegen Gesetz, Gewissen, Vernunft handeln, ebenso wie die Propagandisten, Journalisten und Schriftsteller, die diese Gewaltakte rechtfertigen, nicht sehen und begreifen, daß sie damit nur ihr eigenes Mißtrauen in die Stärke des Staates und der Ideologie unter Beweis stellen.

Wie sollen denn Gedanken, die in kleinem Kreise geäußert oder in ein paar Dutzend – seien es auch hundert – Schreibmaschinenkopien festgehalten werden, ernstlich eine Ideologie bedrohen, die hundertmillionenfach in Zeitungen, Zeitschriften, Büchern, Lehrbüchern, Rundfunk- und Fernsehsendungen von einem Heer von Agitatoren und Propagandisten bestätigt und bekräftigt wird?

Diese Fragen müssen gestellt werden und zwar in jeder dem Fragenden geeignet erscheinenden Form: mündlich oder schriftlich, öffentlich oder vertraulich, brieflich, telegrafisch, telefonisch . . . Und die Hauptsache: man muß hartnäckig bleiben und immer wieder fragen, man darf es nicht bei einmaligem Fragen bewenden lassen, man darf sich nicht abspeisen lassen durch wohltönende, aber abstrakte oder ausweichende Antworten. Man muß fragen und immer wieder fragen, so lange, bis endlich dem Antrag des Akademikers Andrej Sacharow stattgegeben wird, der Generalamnestie und Freilassung aller politischen Häftlinge und aller aus Gewissensgründen Eingekerkerten fordert.

Es versteht sich von selbst, daß diese Fragen keine Appelle zu Handlungen sind, die sich gegen den Staat und die Gesellschaftsordnung richten. Im Gegenteil: Ich bin fest davon überzeugt, daß jede illegale und mehr noch, jede gewalttätige Methode absolut unzulässig und unserem Lande verderblich ist.

Nur mit legalen Mitteln und in gesetzlich zugelassener Form kann man die Einhaltung der bestehenden Gesetze erreichen, kann man Öffentlichkeit und vollständige Verwirklichung der bürgerlichen Rechte und Freiheiten durchsetzen, die in der Verfassung der UdSSR 1936 festgelegt worden sind. Nur mit legalen Mitteln dürfen jene, die die Erben Stalins, diese gewissenlosen Befehlsausführer und Unrechtsvollstrecker, wirklich hindern wollen, vorgehen. Nur so können Mustafa Dshemiljew und all die anderen Gequälten und Gepeinigten gerettet werden; nur so können neue menschenvernichtende Willkürakte verhindert werden.

Anmerkung des Autors:
Dieser Text wurde am 22. 4. 1976 ausländischen Korrespondenten übergeben. Eine Kopie davon habe ich an den Obersten Gerichtshof der RSFSR gesandt.

XXII Was ich aus der Geschichte lernte

Wer sich selbst und andere kennt,
Wird auch hier erkennen,
Orient und Occident
Sind nicht mehr zu trennen.

Goethe

I

Die Gefühle, die mich bewegten, als ich erfuhr, daß in anderen Ländern unbekannte Menschen lesen und beurteilen, was ich geschrieben habe, lassen sich nicht beschreiben. Jedes Leserecho interessierte mich. All denen, die ein gutes Wort für mein Buch »Aufbewahren für alle Zeit« fanden, bin ich herzlich dankbar. Mir ist natürlich klar, daß die positiven Urteile vor allem dem Thema gelten, der Neuheit des Materials, und so verführen sie mich nicht zur Selbstzufriedenheit. Doch auch die strengsten literaturkritischen Äußerungen nehme ich ohne Murren an. Mit vielen stimme ich durchaus überein. Nur dort, wo aus meinem Buch etwas herausgelesen oder in es hineingelesen wird, was nicht darin steht und auch nicht darin stehen kann, sehe ich mich genötigt zu erwidern.

Der Vorabdruck einiger Stücke des Buches »Aufbewahren für alle Zeit« im *Zeit-Magazin* (Nr. 8–16, 1976) freute mich anfänglich ungemein – ich liebe die Wochenzeitung *Die Zeit* und halte sie für die interessanteste aller mir bekannten ausländischen Periodika –, meine Freude verwandelte sich jedoch bald in Betrübnis. Die ausgewählten Passagen waren in einer Weise montiert und mit sensationslüsternen Titeln und Illustrationen versehen, die mir fremd sind. Meine Texte hatten einen Sinn bekommen, einen »Ton«, die beide weit von dem entfernt sind, was ich wirklich schrieb.

Dies bestätigen einige Leserbriefe, die das *Zeit-Magazin* veröffentlichte. So forderte Klaus Belde aus Bochum, man solle doch endlich »alles Gift begraben« und nicht »alte

Wunden aufrühren«. Friederike Wündisch aus Oldenburg fragte traurig: »Warum wollen wir nur immer Haß gegen Haß setzen?« Derartige Leserbriefe zu lesen, war für mich um so bitterer, als ich nicht umhinkonnte, ihre Vorwürfe aufgrund der im Magazin abgedruckten Bruchstücke meines Buches als berechtigt anzuerkennen.

Viele deutsche Leser – wenn man nach der mich erstaunenden hohen Anzahl der Rezensionen urteilen kann – sahen den Schwerpunkt meines Buches im Ostpreußen-Kapitel, in dem ein ehemaliger sowjetischer Offizier selbst von den furchtbaren Ausschreitungen seiner Kameraden erzählt. Dieses Kapitel ist ganz gewiß ein sehr wichtiges, nimmt im Buch aber nur 43 von 615 Seiten ein. Ich empfinde eine derartige subjektive »Aberration« in der Rezeption bei den deutschen Lesern als ganz natürlich. Aber absolut unnatürlich ist es, wenn Leser und Rezensenten meinem Buch die Rolle des Zeugen der Verteidigung in dem aussichtslosen Prozeß um die Rehabilitierung des Nazi-Regimes und der Nazi-Wehrmacht zuzuschieben suchen.

Wie könnten denn die blinde Grausamkeit der Rächer und die Unmenschlichkeit jener Schufte, die sich eigennützig-habgierig als Rächer aufspielten, die Schuld der Nazi-Verbrecher, deren Schandtaten Rachedurst weckten, aufheben oder auch nur mildern?

Damals, in den ersten Monaten des Jahres 1945, waren viele Männer und Frauen in unserer Armee genauso zornig-erregt und erschüttert wie ich, verurteilten genauso entschieden blutrünstige Rachegelüste und andere tierische Instinkte, die nach vier Jahren Krieg an allen Straßen von der Wolga bis zur Weichsel aufgebrochen waren. Der Siegesrausch des Vormarsches hatte barbarische Leidenschaften entfesselt. Viele meiner Kameraden verhinderten mit besserem Erfolg als ich Raub, Plünderung, Vergewaltigung und Brandstiftung. In meinem Buch habe ich konkrete Beispiele (vielleicht nicht ausführlich genug) dafür angeführt, die Marschall Rokossowskij ebenso wie auch viele einfache Soldaten gegeben haben.

Die Ereignisse in Ostpreußen wurden zum Wendepunkt meines Schicksals. Doch nicht sie allein, auch andere Umstände brachten mich ins Gefängnis, ins Straflager und viele Jahre später zum Schreiben. Fünfzehn Jahre schrieb ich an meinen Erinnerungen. Nur ein Teil davon erschien bisher in Buchform. Dieses Buch entstand nicht in der Absicht, mich zu rechtfertigen oder über eigenes Unglück zu jammern. Ich wollte meinen Kindern und Enkeln, meinen Landsleuten und Altersgenossen die Wahrheit berichten, die Wahrheit darüber, wie wir lebten, wie wir wirklich dachten und fühlten in der Zeit der schwersten, widerspruchsvollsten und härtesten Prüfungen unseres Volkes.

»Wir – die Kinder Rußlands schrecklichster Jahre – sind nicht imstande, je zu vergessen . . .«

Diese Worte des großen Dichters Alexander Blok wurden zum Epigraph für alles, was ich schrieb. Ich beichtete und erklärte mir selbst und anderen, was mit mir und vielen mir Ähnlichen in diesen Jahren geschehen war. Ich wollte aber auch von den Märtyrern und Opfern unserer grausamen Epoche berichten, deren Andenken nicht spurlos verwehen darf. Schließlich wollte ich all den guten Menschen danken, denen ich begegnen durfte, und die schlechten wollte ich namhaft machen.

Zunächst hatte ich gar nicht die Absicht, etwas von meinen Erinnerungen zu Lebzeiten zu veröffentlichen, am allerwenigsten im Ausland und in fremden Sprachen. Als ich mich dennoch entschloß, den Teil meiner Erinnerungen zu publizieren, der zum Buch »Aufbewahren für alle Zeit« wurde, da tat ich dies in der Hoffnung, mein Buch könnte auf seine Weise zum besseren gegenseitigen Verständnis, zur Annäherung der Menschen beitragen, die durch einander bekämpfende Ideologien, durch Staatsgrenzen, durch nationale und klassenbedingte Vorurteile getrennt sind. Ich wollte in erster Linie das gleiche wie Friederike Wündisch aus Oldenburg. Ich wollte allen helfen, die sich darum bemühen, die Kettenreaktion des Hasses zu durchbrechen und unter die sinnlosen, rachelüsternen Aufrechnungen gegenseitiger

Kränkung, unter die Blutforderungen internationaler Feind-schaft einen Schlußstrich zu ziehen.

Äußerungen, die auf das genaue Gegenteil zielen, sind mir tief zuwider: In einem ausführlichen Leserbrief heißt es zum Beispiel, mein Buch könne dazu beitragen, daß nun nicht mehr »immer die große *deutsche* (Unterstreichung d. Lesers) Schuld« beschworen wird. Der Leser macht Heinrich Böll erbitterte Vorwürfe, weil dieser in seinem Nachwort nicht »alle Seiten mit den gleichen Maßen« messe und »das Märchen von dem angeblichen deutschen Überfall auf die friedfertige Sowjetunion« wiederhole. In diesem Brief wie auch in einigen Rezensionen (z. B. in *Der Westpreuße*, 5. 6. 1976) wird behauptet, ich bagatellisierte »die polnischen nationalistischen Massenverbrechen an unschuldigen Ange-hörigen der deutschen Minderheit in Polen« und verwandelte sie in »deutsche Verbrechen«.

II

Ehe ich auf diese konkreten Vorwürfe eingehe, halte ich es für erforderlich, die grundsätzlichen Unterschiede in der Defini-tion einiger abstrakter Begriffe darzulegen. Wenn von Begrif-fen wie Nation und Staat, persönlicher und kollektiver Schuld, Vergeltung für Massenverbrechen die Rede ist, stellt sich gelegentlich heraus, daß Menschen verschiedenster, sogar einander feindlicher Ideologien fast übereinstimmend urteilen. So sind zum Beispiel Chauvinisten verschiedener Nation und Doktrinäre durchaus verschiedener Parteien geneigt, die Begriffe Nation und Staat gleichzusetzen oder sie zumindest als nahe verwandt aufzufassen. Sie sprechen von nationaler Schuld, rufen zu Massenvergeltung für Massenun-taten auf. Solche Ansichten sind mir fremd und für mich unannehmbar. Nicht nur, weil sie Haß und Mißtrauen gebären, neue grausame Schandtaten provozieren, den Vor-wand zu räuberischen Eroberungskriegen, zu Massengewalt-akten liefern, sondern auch weil sie von Grund auf verlogen sind, aus Mythen und Vorurteilen entstanden, aus – beabsichtigt oder unbeabsichtigt – »gewohnheitsmäßig« verfälschten Geschichtsvorstellungen.

Diese Vorstellungen werden in aller Klarheit von den Lehren der Geschichte widerlegt; von jenen Lehren, die uns Dokumente erteilen, und von jenen Lehren, die wir selbst erfuhren und weiterhin erfahren.

Die deutsche Nation und die deutsche Nationalkultur entstanden und entwickelten sich weitgehend unabhängig von den jeweiligen Staatsformen, oft sogar in direktem Widerspruch zu ihnen. Nicht nur fremde Eroberer, auch einheimische Mächte, eigene »politische Erbärmlichkeit« waren und blieben die Haupthindernisse, die die deutsche Nationalentwicklung allerorten hemmten; ob es nun das Heilige Römische Reich war, der preußische Hohenzollernstaat, das Tausendjährige Reich der Nazis oder die jetzige Teilung Deutschlands. Diese Gesetzmäßigkeit hat schon Goethe erkannt:

Deutschland? Aber wo liegt es? Ich weiß das Land nicht zu finden.
Wo das gelehrte beginnt, hört das politische auf.

Ähnlich antagonistische Beziehungen zwischen Staat und Nation weist auch die Geschichte Rußlands, Frankreichs, Italiens auf.

Eben deshalb bin ich überzeugt, daß man nicht von nationaler Schuld sprechen kann, wo es um Verbrechen geht, die Staaten, Armeen, politische Organisationen begangen haben. Die Verbrechen Iwan des Schrecklichen, die Verbrechen Stalins oder die der zaristischen Büttel und die Verbrechen der Marodeure in Ostpreußen 1945 kann man ebensowenig »russische Schuld« nennen, wie die Verbrechen deutscher kaiserlicher Soldaten und Hitlerscher Völkermörder »deutsche Schuld« genannt werden können.

Eine Nation, ein Volk kann nicht als Ganzes schuldig werden. Wie viele Menschen auch an den Untaten des Staates teilhaben – Polizei, Armee, terrorisierende Behörden –, wie viele Menschen auch von diesen getäuscht, von der herrschenden unmenschlichen Ideologie, der Lügenpropaganda usw.

demoralisiert wurden, nie hat die Mehrheit eines Volkes an Massenverbrechen teil, die »im Namen des Volkes« vollbracht werden, und unter denen sie in der Regel selbst zu leiden hat. Überdies existiert ein Volk ja nicht nur in einem einzigen historischen Zeitabschnitt, es lebt in seiner Vergangenheit und in seiner Zukunft, in den unsterblichen Schätzen seiner nationalen Kultur und in seinen Kindern.

Der Begriff der nationalen Schuld und das Prinzip pauschaler nationaler Vergeltung sind beide für mich unannehmbar. Abscheulich. Am konsequentesten kam dieses Schuld- und Vergeltungsprinzip in den barbarischen Sitten der Blutrache zum Ausdruck und in dem alttestamentarischen Verfluchen »bis ins siebente Glied«.

Das Christentum hat dieses Prinzip verworfen. Dem finsteren Geist der Stammesfehde hat es den lichten der Bergpredigt entgegengesetzt, ihn aber nicht besiegt. Vergeblich blieb der Aufruf des Apostels Paulus im Brief an die Epheser 6, Vers 12:

Denn wir haben nicht mit Fleisch und Blut zu kämpfen, sondern mit Mächtigen und Gewaltigen, nämlich mit den Herren der Welt, die in dieser Finsternis herrschen, mit den bösen Geistern unter dem Himmel.

Wieder und wieder gewannen die »bösen Geister« die Oberhand, selbst innerhalb der christlichen Kirchen – in den Massenverfolgungen von Heiden, Juden, Ketzern, in Religionskriegen, Kreuzzügen und anderen Kriegen.

Die von Humanisten und Aufklärern verworfenen barbarischen Begriffe lebten in allen rassistischen Theorien wieder auf – in den alldeutschen, den panslawistischen, panmongolischen, antisemitischen und zionistischen, in der Präambel des Friedensvertrags von Versailles, in den Apartheid-Gesetzen und in der Propaganda der Négritude.

Dem Begriff »nationale Schuld« liegen mythische Vorstellungen zugrunde. Real dagegen ist die kollektive Schuld, die staatliche Institutionen, politische Organisationen, Truppenteile, Gerichtshöfe auf sich laden. Und noch realer ist selbstverständlich die persönliche Schuld, die juristische und moralische Verantwortlichkeit jedes einzelnen, der an Handlungen eines verbrecherischen Kollektivs beteiligt war, ihm durch Zustimmung oder durch gleichgültige »Neutralität« nützte.

III

Die Leser und Rezensenten, die Heinrich Böll vorwerfen, er beharre »einseitig« auf »deutscher Schuld« und streite die »russische« ab, die mir vorwerfen, ich bagatellisiere die »polnische Schuld«, und die gleichzeitig behaupten, im Juni 1941 habe es keinen »Überfall auf die friedfertige Sowjetunion« gegeben, gehen von mythischen, abstrakten Begriffen aus. Das läßt sich auf das Beharrungsvermögen mythologischen Denkens, auf die zähe Lebenskraft von Vorurteilen zurückführen. Doch in ihren konkreten Behauptungen verfälschen diese Leser und Rezensenten die Wirklichkeit, widersprechen sie unbestreitbaren historischen Fakten – und dies vielleicht sogar mit voller Absicht.

Erst nachdem der Hitlerstaat durch seine Agenten zynisch zwischen den deutschen Bewohnern Polens und ihren polnischen Mitbürgern Unfrieden provoziert hatte und stetig hitziger schürte, nachdem die Hitler-Truppen in Polen eingefallen waren, Tod und Verderben brachten, erst da überfielen in einigen Orten übererregte polnische nationalistische Verbände nicht nur die Funktionäre nazistischer Organisationen, sondern auch unschuldige Bürger, und dies nur, weil sie Deutsche waren. Die blinde Barbarei dieser Pogrome kann nur erklärt, nicht aber aufgrund ihrer Ursachen und Anlässe entschuldigt werden. Genausowenig kann diese Grausamkeit die Schuld derer aufheben oder auch nur verringern, die teilhatten an den unendlich fürchterlicheren Massengewaltakten in den folgenden fünf Jahren. Diese Untaten wurden systematisch durchgeführt. Sie entsprangen nicht aufgestachelter, elementarer Volkswut, sie wurden kaltblütig, planmäßig von den Vernichtern der polnischen

Bevölkerung organisiert – von den Besatzungsbehörden, von den SS- und Polizeischergen. In Polen, in der Ukraine, in Bjelorußland, in Smolensk und im Nowgoroder Gebiet sah ich die Brandstätten von Dutzenden von Lidices und Oradours, hörte ich die Berichte von Frauen und Kindern, die wie durch ein Wunder den entsetzlichen »Vergeltungsaktionen« entronnen waren, bei denen als Rache für gelungene Partisaneneinsätze ganze Dörfer verbrannt, Hunderte von schutzlosen, unschuldigen Bewohnern niedergemetzelt wurden.

Diese Ungeheuerlichkeiten begingen Nazis, Hitler-Anhänger, übertölpelte und demoralisierte oder einfach befehlsgewohnte, sklavisch gehorsame deutsche Soldaten. Die Verantwortung für diese Verbrechen tragen jene, die sie planten, die verbrecherische Befehle gaben und ausführten, und die, die sie guthießen, rechtfertigten oder auch verheimlichten und in bewußter Lüge abstritten. Ich bin fest überzeugt, daß all diese Verbrechen die Schuld ganz konkreter Verbrecher sind und daß es unrecht, ja mehr noch, gefährlich ist, sie zur Schuld eines ganzen Volkes zu erklären.

Jene, die möglicherweise im ehrlichen Bemühen, die nationale Würde zu verteidigen, versuchen, die Schuld zu leugnen oder gar verleumderisch an den ehemaligen Gegner »umzuadressieren«, schaden nur ihrem eigenen Volk, indem sie den Verstand ihrer Landsleute blenden, deren Seelen verkrüppeln und die Chauvinisten auf der anderen Seite provozieren. Dies tun heute jene Leute, die meinen, das Rad der Geschichte zurückdrehen zu können, und das alte Goebbelssche Propagandamärchen vom Präventivkrieg gegen die Sowjetunion im Juni 1941 auftischen.

Dieses Märchen glaubten die deutschen Soldaten nur in den ersten Wochen des Krieges. Damals sagte uns wirklich fast jeder Kriegsgefangene: »Der Führer hat den Angriff auf die Sowjetunion befohlen, um einen plötzlichen Überfall der 180 an der Grenze konzentrierten russischen Divisionen zu verhindern.«

Schon ein Jahr später glaubte dies kein deutscher Soldat mit normalem Verstand mehr. Zu deutlich hatte der Kriegsverlauf gezeigt, daß wir Hals über Kopf in diesen Krieg hineingestürzt worden waren, daß weder die Rote Armee noch unsere Industrie, noch unsere Bevölkerung auf einen Krieg vorbereitet gewesen waren. Und im Sommer 1942 verkündete Goebbels selbst mit zynischer Offenheit: »Das ist kein Krieg für Thron und Altar; es ist ein Krieg für Getreide und Brot, für einen voll gedeckten Frühstücks-, Mittags- und Abendbrottisch . . . ein Krieg um Rohstoffe, um Gummi, um Eisen und Erz. Es ist ein Krieg um ein menschenwürdiges nationales Dasein, das wir als verschämte Arme bisher zu führen nicht in der Lage waren.«

Nein, die Frage, wer wen im Juni 1941 überfallen hat, ist seriösen Historikern nicht zweifelhaft. Doch das bedeutet keine Entschuldigung oder Rechtfertigung der Stalinschen Verbrechen. Die Verbrechen Hitlers und seiner Generäle, die Verbrechen der Erfinder des »Unternehmens Barbarossa«, des Erschießungsbefehls für Kommissare, der Pläne und Befehle zur Vernichtung der Mehrheit der Einwohner Leningrads, Moskaus und aller Juden, aller Zigeuner und eines großen Teils der »rassisch minderwertigen Bevölkerung«, rechtfertigen Stalin nicht. Von allem anderen abgesehen, auch deshalb nicht, weil Stalin nicht nur objektiv unbewußt, sondern in vielen Fällen vollkommen bewußt Hitler unterstützte.

Das habe ich erst vor vergleichsweise kurzer Zeit begriffen. Noch nach dem XX. Parteitag und auch noch nach den ersten Enthüllungen über Stalins unmenschliches Regime, das bei uns schamhaft die Zeit des »Personenkults« genannt wird, versuchte ich mir und anderen verständlich zu machen, wie und warum es möglich gewesen war, daß ich ein überzeugter Stalinist werden konnte, daß ich mit Eifer und Hingabe der stalinistischen Macht diente, stolz auf meine Zugehörigkeit zu jenen Kräften, die meine Mitbürger unterdrückten und betrogen. Ich erklärte es vor allem mit der Bedrohung durch den Faschismus, damit, daß Stalin der unversöhnlichste, entschiedenste Gegner Hitlers, Mussolinis und der japanischen Imperialisten sei, also jener bösen Kräfte, die unser

Land und die gesamte Menschheit mit Versklavung und Untergang bedrohten.

Mit der Zeit lernte ich neue Fakten kennen. Ich lernte auch, neu und frei von axiomatischen Doktrinen und sakrosankten ideologischen Tabus über Tatsachen nachzudenken, die mir bereits bekannt waren. Ich überzeugte mich davon, daß Stalin in den Jahren 1930 bis 1933 Hitler objektiv geholfen hatte, indem er die deutschen Kommunisten nötigte, ihre Kräfte vor allem auf den Kampf gegen die Sozialdemokratie zu konzentrieren. Ich überzeugte mich davon, daß Stalins militärische Hilfe, die er von 1936 bis 1939 dem republikanischen Spanien gewährte, viel zu gering war, als daß sie entscheidend den Gang des Bürgerkriegs hätte beeinflussen können, aber doch ausreichend genug, um Hitler den Vorwand zu liefern, Franco mit vielen hundert Flugzeugen, vielen tausend Panzern, Zehntausenden ausgebildeter Soldaten zu unterstützen. Weiter: 1936 bis 1941 vernichteten Stalin und seine Henker die überwiegende Mehrheit der sowjetischen Generäle, Admiräle, des höheren Offizierskorps, der wissenschaftlichen Mitarbeiter und der führenden Ingenieure der Schwerindustrie. Er ließ sie erschießen oder in Gefängnissen und Lagern umkommen. Am Vorabend des Krieges, den jeder, der »Mein Kampf« wirklich gelesen hatte, als unvermeidlich kommen sah, brachte Stalin (noch mitten im Frieden) seinen Streitkräften solche Verluste bei, wie sie bis dahin keine einzige Armee – selbst nicht im blutigsten verlorenen Krieg – je erlitten hatte. Von 1939 bis unmittelbar vor dem 22. Juni 1941 war unser Land der Hauptlieferant von Rohstoffen für die deutsche Kriegsindustrie, ohne die die Wehrmacht in den dann folgenden Jahren nicht so erfolgreich hätte kämpfen können. Offenbar weil Stalin, der Pragmatiker und Materialist, genau wußte, wie lebenswichtig für einen kriegführenden Staat Materialhilfe ist, vertraute er so borniert auf Hitlers Freundschaft. Er nahm ganz offensichtlich nicht an, daß jener das unbedachte Risiko eingehen würde, diese Hilfe zu verlieren. Das blinde Vertrauen des sonst so unerhört mißtrauischen Stalin zerstörte unser Land materiell und moralisch und verurteilte unsere Armee im ersten Kriegsjahr zu mörderischen Niederlagen, das ganze Volk zu unerhörten Leiden, Not und blutigen Opfern.

Übrigens war auch Hitler seinerseits mehrfach dem feindlichen Bruder behilflich. Hitlers Terror und das unverblümt menschenhassende, militante Programm seiner Partei brachten Millionen anständiger Menschen in Rußland und in vielen anderen Ländern dazu, in Stalin »das kleinere Übel« und sogar den überragenden Führer der zuverlässigsten antifaschistischen Kräfte zu sehen. Viele meiner Freunde wären genau wie ich wahrscheinlich niemals Stalinisten geworden, hätte es das »Dritte Reich« nicht gegeben. Wir hätten damals allerdings auch nicht eine Sekunde lang für möglich gehalten, daß die Gestapo vor 1937 schon direkt mit dem Stalinschen NKWD zusammenarbeitete. Die Gestapo half, mit gefälschten Unterlagen die Anklage gegen Tuchatschewskij und eine große Gruppe führender Offiziere und Generäle zusammenzuschustern; 1940 wurden mehr als 500 deutsche und österreichische Antifaschisten unmittelbar aus sowjetischen Konzentrationslagern in deutsche übergeführt.

Am 22. Juni 1941 verurteilte Hitler sein Imperium zum Untergang, damit zugleich rettete er das Stalinregime vor Zusammenbruch und Bankrott. Der Krieg verband uns, er wurde für das russische Volk und die Mehrheit der übrigen Völker der Sowjetunion zum Vaterländischen Krieg. Er weckte die besten Kräfte im Land, die trotz der Niederlagen und Verluste, trotz anderslautender rationaler Berechnungen fremder Strategen ständig wuchsen. Unser Volkssieg vollendete den verdienten Zusammenbruch des Hitlerschen Totalitarismus, er führte zugleich damit zum unverdienten Triumph des Stalinschen Totalitarismus. Zu diesem Triumph trugen die ungeheuerlichen Barbareien der Okkupanten und die dilettantischen Strategen des »Führers« nicht wenig bei.

IV

»Und doch kann eigentlich niemand aus der Geschichte etwas
lernen, denn sie enthält ja nur eine Masse von Torheiten und
Schlechtigkeiten«, sagte Goethe im Gespräch mit Müller am
17. 12. 1824. Fünf Jahre vorher war er anderer Ansicht
gewesen: »Über Geschichte kann niemand urteilen, als wer
sie selbst erlebt hat. So geht es ganzen Nationen.« (Maximen
und Reflexionen. Aus Wilhelm Meisters Wanderjahren)
Die grausame Geschichte unseres Jahrhunderts haben mehrere Generationen unserer Völker und aller Völker Europas an
sich selbst erfahren. Und so widersprüchlich und verschie-
denlautend die im Kanonendonner erteilten Geschichtslehren
sein mögen, ich glaube trotzdem, daß wir einige Generalleh-
ren aus ihr ziehen können und ziehen müssen.
Die Eltern meines Vaters und auch seine Schwester – meine
Lieblingstante – wurden im Oktober 1941 in Kiew in Babi Jar
erschossen, als dort im Laufe von zwei Tagen mehr als 50 000
Kiewer Juden umgebracht wurden. Die Okkupanten erklär-
ten dies als Vergeltungsmaßnahme dafür, daß Partisanen ein
Gebäude, in dem Wehrmachtsstäbe untergebracht waren,
gesprengt hatten. Mein Bruder fiel als Artillerie-Sergeant
noch im selben Jahr im Kampf. Andere ältere Verwandte
wurden ebenfalls erschossen, erhängt oder vergast; jüngere
fielen an der Front oder erlagen ihren Verwundungen.
Seitdem sprachen meine überlebenden Verwandten nur mit
Haß und Ekel von den Deutschen. Sie empörten sich über
meinen Vater, der, in den humanen Traditionen der russischen Intelligenzija aufgewachsen, diesen Traditionen nicht
abgeschworen hatte, und sie empörten sich über mich und
meinen dogmatischen Internationalismus. Es erzürnte sie,
daß wir ihre Gefühle nicht teilten und das Prinzip der
Massenvergeltung, der Rache an einer ganzen Nation,
entschieden verwarfen.
So wie meine Verwandten urteilten in den ersten Nachkriegs-
jahren viele Menschen in unserem Land, gebildete und
ungebildete, alte und junge, ehemalige Kriegsgefangene und

ehemalige »Ostarbeiter«, Überlebende der Okkupation und der Belagerung Leningrads; Menschen, die die tierische Rohheit der »Brandkommandos« am eigenen Leib erfahren hatten.

Aus ihrer historischen Erfahrung, aus ihren schrecklichen und leidvollen Erinnerungen entstanden Mißtrauen und Haß. Diese Gefühle wurden geschürt und gefestigt erst durch die Kriegspropaganda, später durch die chauvinistische Groß-macht-Ideologie, die sich während der Stalinzeit entwickelt hatte und bis heute noch nicht verschwunden ist.

Trotzdem wurden nach und nach – besonders in den beiden letzten Jahrzehnten – diese unguten Gefühle schwächer, kühlten ab. In der jungen Generation meiner Mitbürger fehlen sie ganz oder sind verschwindend gering.

Bei dieser heilsamen Entwicklung wirken mehrere Kräfte zusammen; in erster Linie sind es die humanen Traditionen der russischen Nationalkultur. Dazu kommt, und dies ist nicht weniger wirksam, das Schaffen zeitgenössischer deut-scher Schriftsteller, die wahr und aufrichtig über die Erfah-rungen unserer gemeinsamen Geschichte schreiben. Am beliebtesten ist bei uns Heinrich Böll; und ich kann hinzufü-gen, daß seine Bücher wohl am wirksamsten zur Heilung der seelischen Kriegswunden beitragen. Auch die Werke von Thomas und Heinrich Mann, Bertolt Brecht, Anna Seghers, Wolfgang Koeppen, Erwin Strittmatter, Siegfried Lenz, Christa Wolf, Leonhard Frank, Paul Schallück, Johannes Bobrowski und anderer Autoren aus beiden deutschen Staaten erscheinen bei uns in großen Auflagen. Und die Nachfrage nach ihnen hängt nicht von außenpolitischen Temperaturschwankungen ab. Um so befremdlicher ist es für mich und meine Freunde, wenn wir in einigen deutschen Zeitungen lesen oder in Sendungen der »Deutschen Welle« hören, wie man Heinrich Böll Vorwürfe macht wegen »übertriebener nationaler Selbstkritik« und wegen Mangel an Patriotismus. Denn gerade er hat doch ungewöhnlich erfolg-reich zur Wiederherstellung des »guten deutschen Namens« beigetragen, nicht nur in unserem Lande, nicht nur bei den verschiedensprachigen sowjetischen Lesern. Ein ehemaliger Teilnehmer am Warschauer Aufstand, dessen Eltern in den ersten Bombenangriffen auf die Stadt umgekommen waren, dessen Bruder im KZ gequält worden ist, las mein Buch in deutscher Sprache, las auch das Nachwort von Heinrich Böll und sagte:

»Vor dreißig Jahren hätte ich dieses Buch nicht gelesen. Ich hätte es weggeschleudert. Damals haßte ich die Deutschen – alle! Ich glaubte, niemals werde es und niemals könne es Verzeihung geben. Bei uns in Polen dachten und fühlten viele genau wie ich. Zuviel hatten die Deutschen unserem Volk angetan! Was haben sie Warschau angetan! . . . Damals hätte ich ein deutsches Buch, eine deutsche Zeitung nicht einmal in die Hand nehmen können. Wenn ich die deutsche Sprache hörte, wurde mir schwarz vor Augen. Aber die Zeit ging weiter. Nach und nach veränderte sich alles. Meine Kinder, meine Freunde und ich lesen deutsche Bücher. In Böll haben wir uns regelrecht verliebt, auch in Grass, Bobrowski und manche andere. Viele Deutsche kommen jetzt hierher zu Studienreisen, zu Besuch. Nicht nur von jenseits der Oder, auch von jenseits der Elbe. Ich sah Willy Brandt am Getto-Denkmal in Warschau knien. In diesem Augenblick spürte ich: in mir ist kein Haß mehr. Nein! Er kniete nieder und erhob damit sein Volk. Verstehst du? Er erhob es in unseren Augen und in unseren Herzen. Das bekenne ich als Pole und als Christ. Jesus sagt: ›. . . denn wer sich selbst erhöhet, der wird erniedrigt werden, und wer sich selbst erniedrigt, der wird erhöht‹.«

Diese Worte Jesu, die zum erstenmal vor 2000 Jahren ausgesprochen wurden, erscheinen mir heute als eine der akutesten Lehren der jüngsten Geschichte.

Es gibt keine schuldigen Nationen, aber es gibt schuldige Staaten, Massen, Kollektive und – hauptsächlich – einzelne. Es gibt Unterschiede in der Schuld. Ihren Grad und ihr Maß kann nur abwägen, wer fähig ist, objektiv und aufrichtig über andere zu urteilen, sei es vor einem Strafgericht, sei es vor einem moralischen Gericht. Vor sich selbst aber muß man rigoroser und strenger sein. Da können Nötigung, Idealismus, »Diensteifer« oder Bagatellfall keine Entschuldigung für Teilnahme an Verbrechen sein.

Ich schrieb meine Erinnerungen, um meine Schuldhaftigkeit zu bekennen. Aber ich weiß, daß dieses Bekenntnis meine Schuld nicht tilgt, mich nicht befreit von der Verantwortung für alles, was die Partei tat, der ich angehört habe. Ich bin nicht religiös und habe daher nicht die wunderbar tröstliche Hoffnung auf Absolution. Die Vergangenheit kann ich nicht ungeschehen machen. Sie bleibt mir auf immer. Und meine Selbstverurteilung ist kein Flehen um Sündenvergebung, sondern die Konsequenz einer objektiven und subjektiven Notwendigkeit. Nur wenn ich entschieden und vorbehaltlos über mich urteile, kann ich weiterleben, weil ich überzeugt bin: nichts Ähnliches werde ich je wieder tun.

Und nur entschiedene und vorbehaltlose Selbstverurteilung berechtigt, verpflichtet sogar dazu, mit denen zu streiten, die versuchen abzuleugnen, zu bagatellisieren oder Verbrechen gegen die Menschlichkeit zu rechtfertigen, wo und von wem auch immer sie begangen wurden. Nur so kann ich neue Bedrohungen bekämpfen, die von Staaten, Parteien, Führern und Propheten ausgehen, die »sich selbst erhöhen«.

Die wichtigste Lehre der jüngsten Geschichte, die ich, so lange ich lebe, immer und immer wiederholen werde, ist ebenso einfach zu beherzigen, wie es schwer ist, sie in die Tat umzusetzen. Diese Lehre heißt: Wahrheit und Toleranz. Wahrheit war und ist immer nötig. Die Fähigkeit, auch die bitterste Wahrheit auszusprechen – selbst wenn sie den eigenen Interessen und der Selbstliebe zuwiderläuft, wenn sie gegen Vorurteile und Konventionen zielt, den Nationalstolz oder den Parteistolz trifft –, war und ist immer dem einzelnen wie den Völkern nützlich.

Die Forderung, seine Nächsten – selbst die Feinde – zu lieben und ihnen zu verzeihen, wurde vor 2000 Jahren erhoben. Seitdem besteht diese Forderung; aber sie blieb übermenschlich, ein Ideal »nicht von dieser Welt«. Die Forderungen des Evangeliums und aller edlen Utopisten, die vom friedlichen

Glück der Menschheit träumten, die Predigten Lew Tolstojs und Gandhis, Albert Schweitzers und Martin Luther Kings fanden jeweils nur für kurze Zeit wenige Nachfolger. Diese Männer blieben Rufer in der Wüste.

Heute ist die Forderung nach Wahrheit und Toleranz kein idealer Traum mehr, sie ist die *conditio sine qua non*! Wird sie nicht erfüllt, wird alles Leben auf dieser Erde untergehen. Vorbehaltlose Wahrheit und weiteste Toleranz, Menschenliebe, die alle Arten von Haß und Feindschaft überwindet, sind notwendig, damit die Menschheit weiterleben kann.

Moskau, September/Oktober 1976

Anmerkungen

Zur Widmung:

Die Schriftstellerin und Pädagogin Frieda Wigdorowa (1915–1965) setzte sich unermüdlich für ungerecht Verfolgte ein. Ihre Reportage über den Brodskij-Prozeß (Leningrad 1964), die im *Samisdat* und im Ausland veröffentlicht wurde, half, Brodskij vorfristig aus der Verbannung zu befreien. Diese Reportage war der Auftakt zum Kampf für Menschenrechte in der UdSSR, zum Kampf mit der Waffe des Wortes.

1 *Lydia Tschukowskaja* (*1907)
Vgl. S. 81ff. Von Lydia Tschukowskaja liegen auf deutsch zwei Romane vor: »Das leere Haus«, Zürich 1967, »Untertauchen«, Zürich 1975. Ausschluß aus dem Schriftstellerverband Februar 1974.

2 *Pjotr Grigorenko* (*1906)
Sowjetischer Generalmajor, setzte sich tatkräftig für die nationalen Belange der Krim-Tataren ein, die 1944 von Stalin insgesamt aus ihrer Heimat vertrieben und nach Usbekistan deportiert worden waren. Die Rückkehr auf die Krim ist ihnen bis heute verwehrt (vgl. S. 95), Grigorenko, der sich zu ihrem Anwalt machte, wurde für geisteskrank erklärt. Erste psychiatrische Zwangsbehandlung 1964/65, erneute Verhaftung 1969, Aufenthalt in der Gefängnisspezialklinik Tschernjachowsk (Insterburg) bis 1975, lebt heute in Moskau. Vgl. S. 79.

3 *Alexander Twardowskij* (1910–1971)
Bedeutender Lyriker, leitete von 1958–1970 die wichtigste sowjetische literarische Zeitschrift *Nowyj mir*, die durch ihn zum international berühmten Forum der begabtesten nachstalinschen Schriftsteller wurde.

4 *Jurij Galanskow* (1940–1974)
Gab die illegale Zeitschrift *Phönix 66* heraus, wurde im Januar 1968 zu sieben Jahren Straflager verurteilt, starb im Lager.

5 *Ilja Gabaj* (1925–1974)
Lehrer, gehörte zu den jungen Intellektuellen, die seit der zweiten Hälfte der sechziger Jahre den neostalinistischen Tendenzen entgegenwirkten, mehrfach kurzfristig festgenommen, 1970 zu drei Jahren Lager verurteilt.

6 *Grigorij Podjapolskij*
Mitbegründer der 1970 zusammengetretenen »Initiativgruppe zur Verteidi-

gung der Menschenrechte in der UdSSR«.

7 *Wladimir Bukowskij* (*1942)
Biologiestudent. Zwangseinweisungen in Gefängnisspezialkliniken: 1963/64, 1965/66. 1967–1970 Straflager wegen »Verleumdung der sowjetischen Staats- und Gesellschaftsordnung«. 1971 Einweisung ins psychiatrische Serbskij–Institut, für zurechnungsfähig erklärt und verurteilt zu zwei Jahren Gefängnis, 5 Jahren Straflager und 5 Jahren Verbannung. Auf Druck der Weltöffentlichkeit vorfristige Entlassung, Ausreise in die Schweiz 15. Dezember 1976.

8 *Mustafa Dshemiljew* (*1943)
Vgl. XXI, S. 95ff.

9 *Semjon Glusman* (*1948)
Psychiater. 1972 wegen zu genauer Untersuchung des Falles Pjotr Grigorenko zu sieben Jahren Lager, drei Jahren Verbannung verurteilt.

10 *Sergej Kowaljow*
Biophysiker. Mitglied der »Initiativgruppe« und dann des wenig später (4. 11. 1970) gegründeten »Komitee für Menschenrechte«. Vgl. S. 89.

11 *Anatolij Martschenko* (*1938)
Arbeiter, Schriftsteller. Auf deutsch liegen seine Lagererinnerungen 1960–1966 vor: »Meine Aussagen«, Frankfurt 1969. 1969 neue Lagerstrafe auf drei Jahre, inzwischen wieder verhaftet.

12 *Walentin Moros* (*1936)
Historiker. 1965 viereinhalb Jahre Straflager wegen Verbreitung von Samisdatliteratur, 1970 wegen antisowjetischer Agitation und Propaganda zu sechs Jahren Gefängnis, drei Jahren Lager und fünf Jahren Verbannung verurteilt.

13 *Wladimir Ossipow*
Vgl. S. 89 und S. 92.

14 *Iwan Swetlitschnyj* (*1929)
Lyriker, Philologe. Erste Verhaftung 1965, nach acht Monaten freigelassen, durfte aber nicht mehr in seinem Beruf arbeiten. 1972 erneut verhaftet, zu sieben Jahren Straflager und fünf Jahren Verbannung verurteilt.

15 *Gabriel Superfin*
Philologe. Seit 1974 in Haft.

16 *Andrej Twerdochlebow*
Repräsentant von »Amnesty International«. Vgl. S. 89 und S. 98f.

17 *Natalija Gorbanewskaja* (*1936)
Lyrikerin, Übersetzerin und Redakteurin, Mitbegründerin der Samisdat-Zeitschrift *Chronika tekuschtschich let* (Chronik der laufenden Ereignisse). 1969–1972 Gefängnis, danach Gefängnisspezialklinik. Dezember 1975 Entlassung und Ausreise nach Paris.

18 *Andrej Amalrik* (*1938)
Historiker. Bekannt durch seine Studie »Kann die Sowjetunion das Jahr 1984 überleben?« Verbannung nach Sibirien 1965/66. 1970 Verurteilung zu drei Jahren Sraflager. 1976 Ausreise nach Holland.

19 *Jossif Brodskij* (*1940)

Lyriker. 1964 aufgrund des 1961 eingeführten »Schmarotzerparagraphen« zu fünf Jahren Arbeitseinsatz in einem Sowchos (Staatsgut) nördlich von Archangelsk verschickt, 1965 vorfristig entlassen, emigrierte auf Druck des KGB 1972 in die USA.

20 *Efim Etkind* (*1919)

Literaturwissenschaftler, Romanist und Germanist, war Professor am Pädagogischen Herzen-Institut Leningrad, wurde wegen seiner Verbindungen mit Solschenizyn im Frühjahr 1974 seines Amtes enthoben und aus dem Schriftstellerverband ausgeschlossen, verlor damit jede Arbeitsmöglichkeit, emigrierte im Herbst 1974 nach Paris, lehrt heute an der Sorbonne.

21 *Anatolij Jakobson*

Literaturkritiker. 1969 vorübergehend festgenommen.

22 *Alexander Jessenin-Wolpin* (*1924)

Mathematiker, Sohn des berühmten Dichters Sergej Jessenin. 1949 erste Zwangseinweisung in Spezialklinik, 1950–1954 Verbannung nach Karaganda (Kasachstan), zwischen 1960 und 1968 drei weitere Zwangseinweisungen in Spezialkliniken. Emigrierte 1972.

23 *Alexander Galitsch* (*1919)

Schriftsteller und populärer Liedermacher, seit 1967 Auftrittsverbot, emigrierte 1974.

24 *Naum Korshawin* (*1925)

Lyriker und Publizist. Seit 1974 im Westen.

25 *Anatolij Krasnow-Lewitin*

Religiöser Schriftsteller. 1971 zu drei Jahren Straflager verurteilt, emigrierte 1974.

26 *Pawel Litwinow* (*1939)

Physiker. Beteiligte sich am 25. August 1968 am Protest auf dem Roten Platz gegen den Einmarsch der Warschauer Pakttruppen in die Tschechoslowakei, wurde zu fünf Jahren Verbannung nach Tschita verurteilt, emigrierte 1974 in die USA.

27 *Wladimir Maximow* (*1932)

Romancier. In deutscher Sprache liegen vor: »Die sieben Tage der Schöpfung«, München 1972, »Die Quarantäne«, München 1974, in Vorbereitung: »Die Sawwa-Sage«. Emigrierte 1974, lebt in Paris als Chefredakteur der russischen Emigrantenzeitschrift *Kontinent*, die russisch und deutsch erscheint.

28 *Schores Medwedjew* (*1925)

Gerontologe. 1970 Einweisung in Spezialklinik. Massive Proteste der Weltöffentlichkeit bewirkten nach drei Wochen die Freilassung. Lebt seit 1973 in England, arbeitet am British National Institute for Medical Research.

29 *Wiktor Nekrassow* (*1911)

Schriftsteller. Berühmt durch seinen Roman »In den Schützengräben von Stalingrad«, für den er 1947 einen Stalinpreis bekam. Seit er sich an der sowjetischen Bürgerrechtsbewegung beteiligte, hatte er keine Publikationsmöglichkeit mehr. Emigrierte 1974 in die Schweiz. In deutscher Sprache liegt vor: »Kyra Georgijewna«, Stuttgart 1961, München 1964.

30 *Dmitrij Panin*
Ingenieur, Publizist. Verbrachte 16 Jahre in stalinistischen Straflagern, emigrierte 1972.

31 *Leonid Pljuschtsch* (*1940)
Kybernetiker. Verhaftung 1972. Nach Gutachten des Serbskij-Instituts für unbefristete Zeit in die Gefängnisspezialklinik Dnepropetrowsk gebracht. Permanente Proteste der Weltöffentlichkeit führten im Januar 1976 zu seiner Entlassung, lebt heute in Paris.

32 *Walerij Tschalidse*
Physiker. Gründungsmitglied des am 4. 11. 1970 gegründeten Komitees für Menschenrechte. Verlor deshalb seine Stellung. Erhielt 1972 Genehmigung zu einer Vortragsreise in die USA und wurde ausgebürgert.

33 *Jelena Bonner*
Ehefrau von Andrej Sacharow

34 *Tatjana Chodorowitsch*
Linguistin. Mitbegründerin der »Initiativgruppe« und Mitglied im »Komitee für Menschenrechte«.

35 *Raissa Lert* (*1906)

36 *Nadjeshda Mandelstam* (*1899)
Frau des – vermutlich – 1938 in einem Straflager bei Wladiwostok umgekommenen Dichters Ossip Mandelstam. In deutscher Sprache liegen zwei Bände ihrer Memoiren vor: »Das Jahrhundert der Wölfe«, Frankfurt 1971, »Generation ohne Tränen«, Frankfurt 1975.

37 *Tatjana Welikanowa*
Mitbegründerin der »Initiativgruppe« und Mitglied des »Komitees für Menschenrechte«.

38 *Jewgenij Barabanow* (*1943)
Studium der Kunstgeschichte an der Philologischen Fakultät der Moskauer Universität, arbeitete bei der Zeitschrift *Dekoratiwnoje Iskusstwo* (Dekorative Kunst) und bei dem Verlag »Iskusstwo« (Kunst). Verlor 1973 wegen der Weiterleitung von Manuskripten in den Westen seine Arbeit.

39 *Wadim Borissow* (*1945)
Studium der Geschichte an der Moskauer Universität. Dissertation zur Geschichte der russischen Kirche des 14. und 15. Jahrhunderts am Historischen Institut der Akademie der Wissenschaften der UdSSR. Der Abschluß der Arbeit wurde ihm verwehrt; er ist arbeitslos.

40 *Dmitrij Dudko*
Geistlicher

41 *Wladimir Kornilow* (*1928)
Lyriker und Erzähler. Auf deutsch liegen vor: »Mädchen und Dämchen«, München 1975, »Ohne Arme, ohne Beine«, Berlin 1975.

42 *Roy Medwedjew* (*1925)
Zwillingsbruder von Schores Medwedjew. Historiker. Neben zahlreichen

Veröffentlichungen in *Die Zeit*, Hamburg, liegen zwei Bücher in deutscher Sprache vor: »Die Wahrheit ist unsere Stärke«. Geschichte und Folgen des Stalinismus«, Frankfurt 1973; »Sowjetbürger in Opposition«, Düsseldorf 1973.

43 *Jurij Orlow*
Mathematiker. Mitglied der Akademie der Wissenschaften. Vorsitzender des Helsinki-Komitees, im Februar 1977 verhaftet.

44 *Igor Schafarewitsch*
Mathematiker. Leninpreisträger. Korrespondierendes Mitglied der Akademie der Wissenschaften seit 1958. Mitglied des »Komitees für Menschenrechte«.

45 *Sergej Sheludkow*
Geistlicher

46 *Walentin Turtschin*
Mathematiker. Mitglied des »Komitees für Menschenrechte«.

47 *Wladimir Wojnowitsch (*1932)*
Schriftsteller. 1974 aus dem Sowjetischen Schriftstellerverband ausgeschlossen. In deutscher Sprache liegen vor: »Zwei Freunde«, München 1969, »Die denkwürdigen Abenteuer des Soldaten Iwan Tschonkin«, Darmstadt 1975, »Brieffreundschaften«, Darmstadt 1976.

48 *Michail Romm (*1901)*
Bedeutender sowjetischer Filmregisseur. Professor an der Moskauer Filmakademie.

49 *Menschen und Tiere*
Film von Sergej Gerassimow über »displaced persons«, ehemalige »Ostarbeiter«, die nach 1945 nicht in die Sowjetunion zurückkehren wollten, und Personen, die sich im letzten Kriegsjahr dem deutschen Rückzug aus Rußland und der Ukraine angeschlossen hatten.

50 *Wsewolod Kotschetow (*1912)*
Kotschetow gehört zum neostalinistischen Flügel innerhalb der sowjetischen Literatur- und Kulturpolitik.

51 *Leonid Leonow (*1899)*
Leonow gehört zu den großen erzählerischen Begabungen der älteren Generation konservativer Prägung, die sich von der »Tauwetter-Linie« fernhielten. In deutscher Sprache erschienen: »Die Dachse«, Neuwied 1963, »Der Dieb«, München 1970.

52 *Workuta, Wetluga, Kolyma*
Diese Ortsangaben stehen für die schlimmsten stalinistischen Straflager-Areale im hohen Norden, in Mordowien und im äußersten Nordosten Sibiriens.

53 *Orest Werejskij (*1915)*
Prominenter Maler, Graphiker und Buchillustrator.

54 *Wchutemas*
Hochburg der linken Kunst in den frühen zwanziger Jahren, vergleichbar etwa dem Bauhaus.

Lenin liebte klassische Dichtung, Majakowskij war ihm zu ungebärdig und zu laut, doch er schätzte ihn als Satiriker.

55 *Walerij Tarsis* (*1906)
Bibliothekar und Schriftsteller. Er hatte Manuskripte nach England gesandt und weigerte sich, sie auf Verlangen des KGB wieder zurückzufordern. Daraufhin wurde er ein Jahr in einer Gefängnisspezialklinik untergebracht. Er erhielt im Winter 1965 Genehmigung zu einer Auslandsreise, kaum in England angekommen, wurde er ausgebürgert. Lebt heute in der Schweiz.

56 *Andrej Sinjawskij* (*1925)
Literaturwissenschaftler und Schriftsteller. Er wurde zusammen mit Julij Daniel 1965 verhaftet. Sinjawskij hatte unter dem Pseudonym Abram Terz, Daniel unter dem Pseudonym Nikolaj Arshak, seit einigen Jahren satirische Prosa in Frankreich veröffentlicht, die auch in deutscher und englischer Sprache wenig später erschienen war. Der Prozeß fand im Februar 1966 statt: Sinjawskij wurde zu sieben Jahren, Daniel zu fünf Jahren Straflager verurteilt. Sinjawskij lebt heute in Paris. In deutscher Sprache liegt vor: »Eine Stimme im Chor«, Wien 1974.

57 *Oskar Rabin*
Nonkonformistischer Maler.

58 *Jewgenij Jewtuschenko* (*1933)
Er nimmt eine Sonderstellung ein. Seiner lyrischen Begabung und seinem Temperament wird vieles zugute gehalten. Von Zeit zu Zeit jedoch wird auch er einer »Demontage« unterzogen, damit die Bäume nicht in den Himmel wachsen. Die gründlichste fand 1963 statt, als er seine Autobiographie im Westen hatte veröffentlichen lassen.

59 *Jossif Brodskij*
Vgl. Anmerkung 19.

60 Anspielung auf den populären, zum Sprichwort gewordenen Satz aus einer Fabel von Iwan Krylow (1768–1844): »Ein diensteifriger Narr ist gefährlicher als ein Feind.«

61 *Julij Daniel* (*1924)
Vgl. Anmerkung 56.

62 *Abel Jenukidse* (†1937)
Jugendfreund Stalins. Sekretär des Zentralexekutivkomitees der UdSSR. 1935 aller Ämter enthoben und aus der Partei ausgeschlossen, 1937 beschuldigt, Verbindungsmann zwischen der trotzkistischen Opposition und dem Militär gewesen zu sein, den Mord an Kirow und die Vergiftung Gorkijs vorbereitet zu haben. Er wurde am 16. 12. 1937 erschossen.

63 *Grigorij Ordshonikidse* (1886–1937)
Mitglied des Zentralexekutivkomitees der UdSSR, Vorsitzender des Obersten Volkswirtschaftsrates, nahm sich 1937 das Leben (offiziell Herzanfall), weil er Stalins brutales Vorgehen gegen die Altkommunisten nicht billigte.

64 *Pawel Postyschew* (1888–1940)
Erster Sekretär der KP in der Ukraine. 1938 aller Ämter enthoben, 1940 liquidiert.

65 *Michail Tuchatschewskij* (1893–1937)
Marschall der Sowjetunion, stellvertretender Volkskommissar für Verteidigung, Reorganisator der Roten Armee Anfang der dreißiger Jahre. Er wurde am 11. Juni 1937 wegen Spionage für Deutschland und Japan, Verrat strategischer Pläne der Roten Armee an Deutschland sowie wegen Verschwörung zum Sturz der Sowjetmacht zum Tode verurteilt, zusammen mit sieben anderen Generälen am 12. Juni hingerichtet. Im Anschluß daran setzte eine Säuberung des Offizierskorps ein, bei der die Armee praktisch ihrer Führung beraubt wurde.

66 Stalin betrieb durchaus eigenwillige und selbstherrliche Politik, ohne sich an die ausgegebene Parteilinie gebunden zu fühlen. Dies galt vor allem für die Nationalitätenpolitik. Lenin warnte in seinen als »Testament« bezeichneten Briefen und Memoranden 1922/23 vor Stalin und riet, ihn als Generalsekretär der Partei durch jemand anderen ablösen zu lassen.

67 *Jurij Galanskow* war als Herausgeber der illegalen Zeitschrift *Phönix 66* zu sieben Jahren Straflager verurteilt worden. Starb 1974 im Lager. *Alexander Ginsburg* hatte ein Prozeßprotokoll der 1966 verurteilten Schriftsteller als »Weißbuch zur Affäre Sinjawskij–Daniel« angefertigt und weitergegeben, wurde zu fünf Jahren Straflager verurteilt. Gehört heute zu den Mitgliedern des Helsinki-Komitees. Im Februar 1977 erneut verhaftet.

68 *Alexej Dobrowolskij* war Mitarbeiter des *Phönix 66* gewesen. Er erhielt zwei Jahre Straflager.

69 *Wera Laschkowa* hatte als Schreibkraft an der Zeitschrift gearbeitet, sie wurde mit einem Jahr Freiheitsentzug bestraft. Der Prozeß hatte am 8. Januar 1968 stattgefunden.

70 *Jeshowschtschina*
Nikolaj Jeshow, Volkskommissar des Inneren (NKWD) seit September 1936, im Januar 1937 zum Generalkommissar für Staatssicherheit ernannt, im Dezember 1938 abgesetzt, 1939 liquidiert. Sein Nachfolger wurde *Lawrentij Berija*, den Chruschtschow im Dezember 1953 hinrichten ließ.

71 *Smogisten*
SMOG (*Sojus molodych genijew* = Bund junger Genies). Eine lose, sich genialisch gebarende, absolut unpolitische Vereinigung junger Moskauer Lyriker. Sie entstand 1957 und wurde 1967 rigoros beseitigt.

72 *Penkowskij* und *Runge*
Zwei KGB-Oberste, die als Doppelagenten tätig waren. Penkowskij wurde gefaßt und hingerichtet. Runge entkam in den Westen.

73 *Jurij Wertschenko*
Wertschenko war 1966 Direktor des Verlages *Molodaja gwardija* (Junge Garde), in dem Kopelews Brecht-Biographie erschienen ist, 1968 Vorsitzender der Kulturabteilung des Moskauer Stadtkomitees der KPdSU, zur Zeit ist er amtierender Sekretär (faktisch der Chef) des Allunionsschriftstellerverbandes.

74 *Jubiläumsjahr*
50. Jahrestag der Oktoberrevolution.

75 *Ausländische antisowjetische Organisation*
Gemeint ist der NTS: *Nationaljnyj Trudowoj Sojus* (Nationaler Bund der Schaffenden) mit Sitz in Frankreich. Der NTS-Kurier Nicolas Brocks-Soko-low war bei seiner Ankunft in Moskau verhaftet und gezwungen worden, gegen Galanskow auszusagen.

76 *Bela Khun* (1886–1939?)
Khun organisierte 1918 die Kommunistische Partei in Ungarn, proklamierte im Januar 1919 die ungarische Räterepublik, in der er das Volkskommissariat des Äußeren übernahm. Nach Zusammenbruch der Räterepublik floh er nach Österreich, übersiedelte 1920 nach Moskau, wurde 1938 während der großen Säuberung verhaftet.

77 *Poddawki*
Eine Art masochistisches Dame-Spiel mit umgekehrten Regeln: Wer zuerst alle Steine verloren hat, hat gewonnen.

78 *Kandidat der Wissenschaften*
Der russische »Doktor« entspricht dem deutschen Doktor habil., während »Kandidat der Wissenschaften« dem einfachen Doktortitel entspricht.

79 *Sergej Michalkow*
Kinderbuchautor, Verfasser der stalinistischen Nationalhymne. Zur Zeit Vorsitzender des Allrussischen (RSFSR) Schriftstellerverbandes. Vgl. Vorwort Max Frisch.

80 *SR-Prozesse*
Linke Sozialrevolutionäre, gegen die 1921 und 1922 mehrere Strafprozesse geführt wurden.

81 *Berdjajew, Bunin, Kuprin*
Nikolaj Berdjajew (1874–1949), wurde im November 1922 ausgewiesen
Iwan Bunin (1877–1953), emigrierte 1918. Er war der erste russische Nobelpreisträger für Literatur (1933)
Alexander Kuprin (1870–1938), emigrierte 1918, kehrte 1937 in die Sowjetunion zurück

82 *Vier junge Leute*
Der Galanskow-Ginsburg-Dobrowolskij-Laschkowa-Prozeß

83 *Operation Trust*
Trust war das Codewort für eine in den zwanziger Jahren von der GPU im Ausland durchgeführte Großaktion gegen russische Emigranten, die in fiktive Geheimbünde gelockt wurden. Lew Nikulin schrieb über die Aktion den Roman »Operation Trust«, der in den sechziger Jahren als Polit-Krimi in der Sowjetunion zum Bestseller wurde.

84 *Tschernjachowsk*
Insterburg

Im gleichen Verlag erschien:

Aufzeichnungen aus dem sowjetischen Untergrund

Texte aus der Moskauer Samisdat-Zeitschrift
»Das XX. Jahrhundert«,
herausgegeben von Roy Medwedjew.

320 Seiten, Lin

Seit über einem Jahr sind die inoffiziellen Samisdat-Schriften »Das XX. Jahrhundert« im Gespräch. Die jetzt vorliegende deutsche Ausgabe enthält eine Auswahl von Artikeln und Essays. Bekannte und unbekannte Autoren, oft hinter Pseudonymen verborgen, schreiben über jene Seiten der sowjetischen Wirklichkeit, die von der offiziellen Presse verschwiegen wird. Ihre Themen: Politische, wirtschaftliche, ethische, philosophische und internationale Probleme.

Die Autoren und ihre Beiträge:

Roy Medwedjew: Fragen, die jeden bewegen
Lew D. Kopelew: Die Lüge kann nur durch die Wahrheit besiegt werden
Raissa Lert: . . . und auf die es keine eindeutigen Antworten gibt
G. Andrejew: Das Christentum Tolstojs und die Verfasser des Buches »Stimmen aus dem Untergrund«
P. Jegorow: Was ist demokratischer Kommunismus?
A. Simin: Zur historischen Standortbestimmung der sowjetischen Gesellschaftsordnung
A. Krassikow: Ware Nummer eins
B. Jampolskij: Aus meinen Erinnerungen

Hoffmann und Campe